贵州省出版发展专项资金资助

贵州世居民族文化书系

宋健 主编

笙鼓枫蝶

SHENGGU FENGDIE

余学军 著

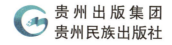
贵州出版集团
贵州民族出版社

图书在版编目（CIP）数据

笙鼓枫蝶：苗族 / 余学军著 . -- 贵阳 ：贵州民族
出版社，2014.6（2020.7 重印）
　（贵州世居民族文化书系 / 宋健主编）
　ISBN 978-7-5412-2108-8

　Ⅰ．①笙… Ⅱ．①余… Ⅲ．①苗族－民族文化－贵州
省 Ⅳ．① K281.6

中国版本图书馆 CIP 数据核字（2014）第 067060 号

贵州世居民族文化书系
笙鼓枫蝶·苗　族
宋　健　主编　余学军　著

出版发行	贵州民族出版社
社址邮编	贵阳市观山湖区会展东路贵州出版集团大楼　　550081
印　　刷	山东龙岳文化传媒有限公司
开　　本	787mm×1092mm　　1/16
字　　数	250 千字
印　　张	15.25
版　　次	2014 年 6 月第 1 版
印　　次	2020 年 7 月第 3 次
书　　号	ISBN 978-7-5412-2108-8
定　　价	49.00 元

贵州苗族分布示意图

聚居　散居

多彩高原的民族共存
——《贵州世居民族文化书系》总序

　　多彩的贵州，神奇的高原。对于初次来到祖国大西南贵州省的人来说，触动心灵的不仅是苍山如海、溪河清澈、森林碧绿、峡谷幽深，更有那不同民族同胞悠扬的山歌和异彩的服饰。在这个有17.6万平方公里面积和600年建省历史的省份，数不尽的青山翠谷中生活着18个世居民族，他们从哪里来？世世代代如何与周围环境共处？以怎样的生活方式和民族风情为世界增光添彩？让读者朋友在轻松的阅读中了解这一切，就是我们出版这套《贵州世居民族文化书系》的目的。

　　贵州是一个多民族的省份，少数民族人口约占全省总人口的38%，全国56个民族成分贵州都有分布，而称得上"世居民族"的则有汉族、苗族、布依族、侗族、土家族、彝族、仡佬族、水族、回族、白族、瑶族、壮族、畲族、毛南族、仫佬族、满族、蒙古族、羌族等18个兄弟民族。从历史和民族源流看，除来自北方的回族、蒙古族、满族外，汉族属古代的华夏族系，其他各族分属古代的氐羌、苗瑶、百越、百濮四大族系。从地理位置看，贵州位于云贵高原东部，处于四川盆地和广西、湖南丘陵之间，是由高原向平原和丘陵过渡的地带。这种特殊的地理位置，使贵州历史上成为南方四大族系的交汇之地，成为民族迁徙的大走廊。在漫长的历史长河中，不同民族的融合，不同文化的相互影响，以及战争带来的多次大规模移民的进入，形成今天贵州多民族共存共荣的社会。

民族文化，指各民族在历史发展中创造的带有民族特点的文化，包含物质和精神两个方面。存在决定意识，由于贵州地处生态环境较为脆弱的喀斯特地貌带，各族群众敬畏自然，珍惜上天赋予的生活资源，注重生产方式与自然生态的和谐平衡，有着享誉世界的农业文化遗产"稻鱼鸭系统"，与草木"认干亲"的林业等生产方式和生活形态，无不彰显人与自然的和谐共处。

贵州历史上"连峰际天兮飞鸟不通"（王阳明《瘗旅文》）的交通困局，形成了十里不同风，百里不同俗的"文化千岛"，民族风情古朴浓郁，多姿多彩，如苗族的姊妹节、芦笙舞，布依族的八音坐唱，侗族的行歌坐月、侗族大歌，彝族的火把节，土家族的摆手舞等。而600多年前明王朝对贵州的大规模开发，江南的百万汉族移民以屯军、屯民的方式来到贵州，形成数百年的屯堡文化，至今成为明代文化遗存的奇迹。可以说，正是青山绿水与多民族的和谐共存构成了今天多彩的贵州。

我们这套书以大专家写小丛书为特点，以轻松阅读获取知识为目标，以直观图像结合想象力发挥为手段，采取宏观叙述与田野案例穿插叙事的方法，力图写成民族历史文化的故事书，内容虽然通俗易懂，生动有趣，但都是以坚实的学术研究为基础的，能够让读者在愉快的阅读和浏览中获取正确的知识。

"黔山秀水，神秘夜郎；多彩民族，千岛文化。"这是书系力图展示的贵州形象。愿书系成为我们大家了解贵州、欣赏贵州、热爱贵州的一个窗口。

《贵州世居民族文化书系》编委会

目录
Contents

引言

　　2011年3月5日，是第十一届全国人民代表大会开幕的日子。清晨六点半，作为第十一届全国人大代表的青年苗族歌手阿幼朵就起床开始准备。她足足花了一个小时才穿上一套苗族盛装。这套服饰极富苗家民俗内涵，银制头冠足有几十厘米高，服装上用真丝绣上鸟、鱼、花等各种自然图案。"两会"期间，阿幼朵总是一身绚烂的苗族服饰，红色盛装、蓝色盛装、绿色便装……再伴着各种银饰发出的"哗啦啦"清脆声，不论走到哪里，都轻而易举就捕获了众多代表和记者的眼光，众多媒体都用"两会""最美丽的代表"来称赞这位从贵州苗疆黄平县来的苗族歌手。

　　在阿幼朵看来，"两会"是全国瞩目的盛会，也是媒体最密集的时刻。所以她在每个会议场合都穿着苗族服饰。她前后参加了4次全国"两会"，总共带了16套苗族服饰进京，向世人展示苗族文化的魅力。她说："苗族过去是没有文字的民族，苗族历史文化很多浓缩在服饰上。我想抓住这样的机会宣扬苗家文化，呼吁保护民族文化。我每天穿着不同的盛装上'两会'，不是像明星一样走红地毯，而是为了通过'两会'这个举世瞩目的政治盛会，让更多的人了解并喜爱苗族文化，让它得到更好的保护和传承。"她的提案大多数也是保护民族传统文化方面的。

　　苗族文化的源头在哪里？

　　苗族是怎样迁徙入黔的？

　　苗族标志性文化遗产有哪些？

　　苗族的性格与文化具有哪些特征？

　　——苗族的这些历史文化之谜，很多年以来一直是人们探究的话题。

1942年6月4日，郭沫若、夏衍、阳翰笙等在"陪都"重庆北温泉公园，就苗族音乐和苗族文化特征做了一次专题探讨。郭沫若在其游记《钓鱼城访古》对这次讨论做了描述："我留在北泉，夏衍、翰笙、伯奇诸兄均在。夜在寓中谈苗民彝族等之风俗。翰笙言：'花苗人甚忧抑，其音乐亦甚凄凉，与彝族人的剽悍，完全不同。'我听了这话，联想到《楚辞》，《楚辞》的悲抑或不无苗民的遗音吧？又中国的乐器如笙竽之类，据我看来是起源于苗族的。苗民间每家均备有芦笙。"

　　可以说，郭沫若和夏衍、阳翰笙等人讨论的话题，一直到今天都还没有形成结论。生动有趣的苗族历史文化之谜，实在是太多了。

　　苗族文化值得我们再次探寻，这是因为苗族是中国古老的民族，苗族以历史悠久、迁徙频繁、分布面广、支系众多、语言复杂、文化丰富著称于世。苗族文化值得我们再次探寻，还因为苗族又是一个跨国而居的民族，广泛分布在老挝、越南、泰国、缅甸、美国、加拿大、澳大利亚、法国等国家，海外的苗族都以中华为故土，都以蚩尤为文明祖宗。

　　为了增添本书的可读性，书中叙述了很多苗族民间传说和故事，这些典故大多都是苗族文学史上标志性的故事，在苗族口传典籍文献"古歌""贾理"等中均有所本。书中很多观点，都是近年来中国苗学界研究的共识，由于丛书体例的一致性要求，不能一一注明。

MIAOYUAN
苗源
YUANSU **远溯**

● 中华三祖创世纪 ●

中国的苗族，都以蚩尤为自己民族文化的人文始祖而自豪。

蚩尤，五帝传说时代的一位神话英雄，生活在与黄帝、炎帝相同的时代。《史记·五帝本纪》"集解"说："蚩尤，古天子。"蚩尤族群分布的地域范围在黄帝、炎帝两个族群的南边，曾与以黄帝为代表的族群发生冲突，所以双方发生了大的战争。《史记·五帝本纪》载："蚩尤作乱，不用帝命。于是黄帝乃征师诸侯，与蚩尤战于涿鹿之野，遂擒杀蚩尤。而诸侯咸尊轩辕为天子，代神农，是为黄帝。"《庄子·盗跖篇》却又相反记载，说："然而黄帝不能致德，与蚩尤战于涿鹿之野，流血百里。"

据考古和史籍记载，蚩尤九

河北涿鹿县中华三祖堂

中华三祖堂列祀的三大人文始祖——
轩辕黄帝（中）、炎帝（右）、蚩尤

中华三祖堂内的蚩尤画像

黎有七大创造，水稻种植（考古出土的稻作遗存）、金属冶炼（造冶者蚩尤）、金属兵器制造（蚩尤作五兵）、创制刑法（阪泉氏蚩尤……惟作五虐之刑）、建立宗教（九黎乱德，民神杂糅）、开创兵法（黄帝战蚩尤九战九不胜）、掌握天文历法（蚩尤明乎天道）。

在贵州各地苗族的古歌、传说和习俗中，有不少关于蚩尤的记载。黔西北苗族至今仍广泛流传着关于蚩尤的古歌传说。据传，远古的时候，苗族曾居住在北方辽阔的平原上，首领 Gib Chib Yeul Laol（格蚩爷老即蚩尤）带领大家开田种地，生活得很好。后来格炎望自老率其部族犯境，双方发生战争。格蚩爷老作战很勇敢，善用兵，战争持续了13年，未分胜负。最后格炎望自老用欺骗的手法，在谈判中杀害了格蚩爷老。格蚩爷老的子孙被迫南迁。黔东北苗族的传说，称"蚩尤"为 Poud Youx（"剖尤"），按苗语东部方言，"剖"是公公的意思，"尤"为名字，"剖尤"就是"尤公"。传说剖尤是远古苗族一位勇敢善战的领袖，黔东北苗族祭祖时，必须杀猪供奉。黔东南苗族古歌称蚩尤为 ghet Yel（"苟尤"），丹寨苗族有祭尤节纪念蚩尤。

苗族崇拜枫木。《山海经·大荒南经》载："有宋山者，有赤蛇，名曰育蛇。有木生山上，名曰枫木。枫木，蚩尤所弃其桎梏，是为枫木。"苗族还广泛流传着同蚩尤有关的枫木传说。松桃苗族自治县的苗族过去有祭"枫神"驱除疫鬼的习俗。祭祀时，要装扮"枫神"，头上反戴铁三脚架，身上穿蓑衣，手持圆木棒，俨然传说中铜头铁额的蚩尤。黔东南苗族流传的古老《枫木歌》，说从枫木树心里生出苗族的圣祖母，圣祖母再生苗族祖先"央王爷"。这首歌把苗族的始祖直接同蚩尤的化身枫木树联系起来。

苗族广泛流传的蚩尤神话，说明传说时代的蚩尤九黎部落集团，就是后来苗族的最初先民。中华民族的形成是多元一体格局，在多元

榕江九董村护寨枫树

雷山碧峋李姓家族夜间祭枫树

苗族的祖神蚩尤

蚩尤是中国古神话中的重要人物，因与轩辕黄帝进行历史性的大战而赫赫有名。蚩尤是苗族的一位大祖神，在苗族的心中有着非常崇高的地位，至今在苗族的民俗中仍有许多崇拜蚩尤的活动。这是几千年的历史顽强保留下来的民族文化传统，是中国各民族特别是苗族历史发展的结果。

枫树

中人们选择了影响最大、最有代表性的炎帝、黄帝和蚩尤作为象征性的中华人文始祖。

中华民族恰是一个高耸的金字塔，矗立在地球的东方，它的尖端闪耀着炎帝、黄帝、蚩尤三帝的光辉，与日月同辉，与天地共存。

● 江淮齐鲁系苗魂 ●

妈妈去东方，
沿着古老道，
沿着迁徙路，
赶路去东方。

这是黔东南苗族在葬礼上唱的《焚巾曲》片段。苗族丧俗，送葬时，巫师为亡灵"开路"，历数沿途古地名，描述跋山涉水的情景，以指引亡魂东向而行，使之到达祖先发祥之地。亡魂"到达"后，祭祀长老宣告死者父母的名字，令其寻找并团聚。祖先发祥之地，也就是苗族最早居住之所。苗族的祖宗之地在哪里呢？

黔东南苗族称"祖宗之地"为 Dangx Gix Zaid Niel（"党格宅略"），词面上的意思为"笙场鼓宅"。"笙场鼓宅"具有以下特点：

首先，"笙场鼓宅"是一个能容纳全部苗族圣灵的文化古村落。在这里祖灵仍然是聚族而居，有宽敞的芦笙场，有祭祀祖鼓的大宅，祖先日日欢歌，夜夜笙舞。

其二，"笙场鼓宅"临河靠水，在古词中又叫 Zangx Eb Dal Hsat（"漳殴达沙"），词面上的意思为"无际海面，辽阔沙滩"，那里是天下河流入海口。传说人类最早祖先姜央和其兄弟雷王爷争斗，雷王爷堵住水口，才导致了一场"洪水滔天"大劫难。

其三，"笙场鼓宅"不在山区，在一望无边的平原，就像《焚巾曲》诵唱的那样：

祖先的地方真是好，
土地平泱泱，
平坦如天上，
像那高高的蓝天，
地方无限宽，
一眼望不到边，
两眼也望不到边，
再望宽无限。

雷山也耶芦笙会

榕江小丹江芦笙会

榕江高帮芦笙会

古歌中的苗族故土

贵州各地苗族丧礼仪式中均有一部祭祀长老所唱的《引路经》，苗族坚信：这些古经可把亡灵沿古代苗族迁徙路线逆向送回老家。《引路经》都说，苗族老家在东方，在入海口太阳升起的地方。那里洪波涌起，百草丰茂！古代东夷居住的江淮齐鲁，如今仍是苗族古歌中永远的故乡……

　　其四，"笙场鼓宅"是苗族"圣祖母"和"央王爷"繁衍之地。所以这里又叫 Nangl Liangs（"南亮"），也叫 Fangb Qend Vangl Xit（"方启阳西"），词面上的意思为"人类起源地"。这里有祖宗之树——枫树和楠木，枫汁可制蜡衣，楠木可制祖鼓。

　　其五，由"笙场鼓宅"升天，可达 Qangb Ghab Liangx Zaid Ghab Deit（"乾嘎良宅嘎兑"），也就是"神"。那里没有鬼魔，是庇佑苗族的众神之所。可见，祖宗之地"笙场鼓宅"在地上，不在天上。

　　其六，亡者必须整齐穿戴苗族传统服饰，并由生者吹笙引路，否则祖宗之地"笙场鼓宅"的先祖不会准其进入。任何一个苗族亡灵必须送到那里与祖先相聚，否则就是孤魂野鬼。

　　其七，苗族传统认为，祖宗之地"笙场鼓宅"并不神秘，苗族祭祀长老通过一种叫"过阴"的祭祀仪式可以随时到达那里，普通人在春末夏初通过一种稻神祭祀仪式也可以有条件到达那里与先祖会面。

　　黔东南大量的苗族古歌和苗族古经，对以上几点的表述大都一致。

镇宁江龙芦笙会

人们由此推测，黔东南苗族的"父母之邦"当在江淮齐鲁一带。这也与古籍"三苗在江淮、荆州，数为乱"记载一致。《山海经·海外南经》载："三苗国在赤水东，其为人相随。"为人相随，乃是其不断迁徙途中的状态。《北史》载："蛮之种类，盖盘瓠之后，在江淮之间，部落滋蔓，布于数州，东连寿春，西通巴蜀，北接汝颍，往往有焉。"

苗岭梯田

古代的东夷也属于蚩尤集团。东夷栖息于山东半岛，崇拜"玄鸟"，鸟图腾是其最明显的标志。"玄鸟"过去有人解释为燕子。无独有偶，黔东南苗族也自称为 Nes（"闹"）或 Ghab Nes（"嘎闹"），即鸟的意思。认为 Jib Weix（"吉宇鸟"）帮助其圣祖母孵出了先祖，于是视"吉宇鸟"为圣鸟。"吉宇鸟"实际上也是燕子。史学家推测，东夷的一部分后来向长江流域移动，进入南岭山脉的那一部分可能就是现在的瑶族；从南岭山脉向东，在江西、福建、浙江的山区和汉族结合的那一部分可能就是现在的畲族；另有一部分曾定居在洞庭湖一带，后进入湘西和贵州山区的可能就是现在的苗族。

有专家推断，历史上苗族"至少就进行了五次大迁徙"。从"九黎集团"首领蚩尤"涿鹿中原"战败被杀，被迫离开黄河下游和长江下游平原，向长江中游地带迁徙，形成"三苗"集团或"三苗国"。这是第一次大迁徙。正如苗族学者翁家烈所说："苗族先民发源于华北大平原，后移居于水乡泽国的江淮之间。有的生活于西北黄土高原，有的生活在海岛之上，有的生活在热带丛林，大部分聚居在西南山地。平原之上，江河之滨，高原之顶，寒带、温带、热带，无不留有苗族及其先民生活、战斗的足迹，无不闪烁着苗族文化的光辉。"

不论苗族迁徙到哪里，他们都顽强保留着一套完整的回归祖宗之地的祭仪——亡灵归故里，以及一部神圣的指引亡者回归江淮齐鲁故

地的指路古经。这表现了苗族生不能回到祖先故地，死后亡灵也要超越人间力量的阻隔返回心灵故乡的强烈的故土意识。

苗族是中华土著！

江淮齐鲁，也是苗族的故土！

● 夜郎族属与苗族入黔 ●

在黔东南苗族古经中，经常出现 Yek Nos（"酉挪"）一词，文献采集者由于不明所指，大都删去。《苗族婚嫁史诗》说，苗族迁徙到都柳江流域一个叫 Diux Bib Qongd Zaid Bib Jis（"丢巴穷宅巴吉"）的地方，一个叫"留"的长老召集其众多儿子议椰建立苗族的建筑栖居制度。其中一个叫东留的幺儿未能参加，他到"酉挪"求学去了。东留学成后在"酉挪"做官，娶了汉人妻子。只有当故乡发生不可解决的纠纷，他才返回故乡进行裁决。

苗族贾理也说，苗族迁徙到都柳江流域后，开春浸种开犁，都要由"酉挪人"先开始，苗族才接着启耕。贾理是这样说的：

有个蒋青来铸犁，
有个丢卡来造耙。
铸犁铸了三十对，
造耙造了三十双。
酉挪人去要了来，
尤拿人去取了来。
要来犁那龙塘脚，
取来耙那蛟塘边。
开春启耕他开启，
年年浸种他先浸。
启耕他先栽五苑，
启耕他先种六棵。

句中的 Yel Naib（"尤拿人"）为 Yex Nox（"酉挪人"）的音调之变。这些文献说明，在苗族迁徙到都柳江流域之前，已经有"酉挪人"在那里居住。"酉挪"怎么翻译，"酉挪"在哪里？诵唱古经的苗族祭祀长老众说不一，有的说"酉挪"就是"京城"，有的说"酉挪"是"贵阳"。根据古经及黔东南苗语音译的规律，"酉挪"当是"夜郎"的音译。按照苗族文献的描述，"酉挪"是一座都城，市井繁华，还有学校。黔东南苗族的先祖东留还到那里求学，最后还被"酉挪人"封了官，

镇宁"蒙正"苗族

镇宁"蒙正"苗族

竹崇拜

夜郎以竹为姓，竹崇拜是其标志性图腾。苗瑶语族、壮侗语族与藏缅语族都存有竹生人母的神话。那么，他们是各自自身的，还是文化传播所致？这是有待深入剖析的有趣文化命题。

安龙凳栽龙竹祭

娶了汉人女子为妻。从这个有趣的典故来看，黔东南苗族对夜郎都城的推断与汉文献记载应当是一致的。

2013年3月，地处安顺市镇宁布依族苗族自治县、紫云苗族布依族自治县和西秀区交界处的"蒙正"苗族迎来了祭拜祖先的节日——夜郎竹王节。活动不仅吸引当地"蒙正"苗族参加，还吸引了来自广西壮族自治区隆林各族自治县、西林县，云南省广南县、富宁县，贵州省兴仁县等地以及近年来先后认定的同为夜郎竹王后裔的苗族同胞一同前来寻根祭祀。据了解，在安顺市镇宁布依族苗族自治县、紫云苗族布依族自治县和西秀区

镇宁"蒙正"苗族

交界处 600 平方公里的土地上，居住着一支神秘的苗族，自称"蒙正"（意为遗留下来），人口约 2.5 万人。他们自称夜郎竹王（夜郎王）后裔，至今家里都还供奉着夜郎竹王的偶像。千百年来，他们笃信夜郎竹王就是自己的祖先。专家称，"蒙正"苗族的竹王崇拜，就是传承了史书上记载的关于竹王传说的"活

夜郎王印（大明国王都行省之印）

镇宁"蒙正"苗族

苗族少女

态"文化。有专家考察称，"蒙正"苗族为夜郎国王室后裔。2007年，"蒙正"苗族的竹王崇拜被列为贵州省级非物质文化遗产保护名录。2011年5月，镇宁夜郎竹王崇拜被评为安顺"八大民俗"之一。

夜郎国是否就是古代苗族建立的国家，一直是人们争论的焦点之一。几年前出版的《苗族通史》仍坚持认为夜郎主体民族为古代苗族，并将夜郎国称之"夜郎苗国"。近年来更是有专家对贵州省天柱县清水江流域进行考证，结合近年来清水江流域文物的发掘，以及当地交通、沙金资源、文物考古、居民迁徙、语系和黔东南苗族特别喜好金属装饰的民俗特点综合分析后推断，传说中的夜郎王朝最有可能分布在贵州省天柱县境内的清水江流域。但是，大部分权威专家包括苗族著名学者却从苗族迁徙入黔的时间否定了这一猜测。苗族是什么时候迁徙到贵州，从哪些方向进入贵州的呢？

苗族古代曾聚居于黄河流域及长江中下游流域部分地区，后来逐渐向南或西南迁徙。因此，夜郎地区的苗族先民是从其他地区迁入的，而不是土著。根据苗族迁徙的历史及路线，最早进入夜郎地区的氏族或部落，大约在春秋战国以前。他们是"分北三苗"的一部分，从今甘肃敦煌一带向南迁移，经过四川最后进入贵州西部、西北部和云南东北部。根据苗族传说，苗族到来之前，已经有其他民族先民居住在这里。一般认为彝族先民迁入贵州西部地区的时代最早，可是在彝族的传说中，说他们到达古夜郎地区时，已有濮人，可见濮人进入夜郎地区比之苗、彝先民更早。

苗族少女

　　今日居住在古夜郎地区的苗族，是在不同年代，从不同路线如四川、广西、湖北、湖南不断迁入的，居住地极为分散，这是历史上多次迁徙的结果。因此，现在居住在古夜郎地区的苗族，不完全是古夜郎国境内苗族先民的后裔。黔东地区的苗族先民在汉朝以前，其主体还是处在"左洞庭而右彭蠡"，即在洞庭和鄱阳湖之间及附近地带。东汉初年，朝廷多次出兵攻打"武陵蛮"（亦称"五溪蛮"），苗族才逐渐向西越过湘江丘陵地带，陆续迁入黔东地区。《苗族史诗·迁徙》所言，他们"沿河边的陆地找地方。一支去往平款，一支去往酉阳，一支来到料高，一支迁往峒仁，一支迁往姜湟，一支迁往姜迁"。"料高"即今松桃，"峒仁"即今铜仁，"姜湟"即今思南，"姜迁"即今印江。

　　黔东南苗族在长江流域的迁徙路线为：从淮阳丘陵出发，经江汉一带，到达洞庭湖附近，由此一分为二。第一条迁徙路线是由洞庭湖区逆沅江、清水江而上，抵达黔东南地区。这条路线与庄蹻入滇路线和古西南"丝绸之路"关系密切，甚至可能重合。另一条迁徙线路，是由洞庭湖区出发，逆湘江、潇水、资水而上，到达五岭西部地区，

雾晨

苗族分布

    2005 年贵州省 1% 人口抽样调查，贵州苗族人口为 502.39 万人，占全省人口的 12.78%。贵州省苗族主要分布在黔东南苗族侗族自治州、黔南布依族苗族自治州、黔西南布依族苗族自治州、松桃苗族自治县、7 个苗族和其他民族自治县，以及 13 个苗族乡和 141 个民族乡。

苗岭主峰雷公山

再顺江而下，或经陆路而至都柳江下游，然后逆都柳江而上，到达今榕江一带。这条线路迁徙来的苗族比较多，他们迁到雷公山腹地一个叫 Dangx Ghed Dlongs Jit（"党果松吉"）的地方后，古歌说"老寨人口多，高山没田开，鱼多没槽容，人多没住处"，生产生活诸多不便，先祖遂杀牛议事，商量分居于黔东南各地。

因此可以说，夜郎国时期的竹崇拜的部落联盟之主体民族不是苗族先民，而是《后汉书》所说"夷僚"，也即濮越集团。如今贵州西部有一部分苗族也以竹为图腾，也有竹王崇拜的神话，那是为什么呢？苗族最初迁徙到今贵州一带的夜郎地域，广泛流传着夜郎的竹图腾神话。正如一些学者指出的，如果苗族不崇拜竹，不认为它是自己的图腾，周围的其他民族虽有此类图腾神话，苗族也不会轻易接受的。而如今有的苗族不仅接受了此类图腾神话，而且有此信仰，那只有两种可能：一种是苗族与夜郎濮越集团通婚、融合的结果，另一种是夜郎一些部族苗化为苗族。苗族由于受到汉王朝的不断征讨，分批分期逐渐迁徙到贵州。这种迁徙是源源不断的，势力也越来越强大，慢慢地就与夜郎势均力敌。在这种势均力敌的情况下，苗族要接受夜郎的竹图腾文化，最大的可能就是与夜郎濮越集团通婚。婚姻，是图腾文化传播的重要桥梁。有了与夜郎人的婚姻，这部分苗族就从心理上接受夜郎的竹图腾观念，以及他们的竹图腾神话。

● 苗岭与苗疆 ●

苗岭，常常被人们当作贵州的代称，有时也借代泛指苗族地区，从一个地理学上的地名扩展为一个文化学上的地名。

真正地理意义上的苗岭横亘于贵州中南部，是贵州省内长江水系和珠江水系的分水岭。西起六枝特区北盘江岸，东至湖南省、贵州省、广西壮族自治区交界处"三省坡"一带，北抵乌江，是贵州四大山系之一，绵延六盘水、安顺、贵阳、黔南、黔东南等州市，余脉入广西壮族自治区三江侗族自治县和湖南省通道侗族自治县。苗岭中段主峰是贵定县的斗篷山和云雾山，海拔分别为 1 961 米和 1 584 米。东段主峰雷公山，位于雷山县境，海拔 2 178.8 米，山势巍峨，雄伟壮阔，终年云遮雾障。雷公山为苗岭群峰之首，有大片的原始森林和许多珍稀动植物而令人神往，现为国家级自然保护区和国家级森林公园。

苗族迁徙史中的苗山

苗族迁徙史上居住过的很多名山，都曾经叫"苗山"，如浙江绍兴的会稽山、湖南洞庭湖的君山。江苏铜山县的苗山，是一座名符其实的苗山，那里现在还存留有汉代有关苗族始祖传说伏羲女娲的画像石。当他们定居雷公山时，便将失去的苗山的美名赋予雷公山，美称其为"苗山"——苗岭山。族之所在，地名随之。苗族以族名命名地名、山名，是一种古老的传统，是苗族怀念故乡、崇敬祖先的感情体现。

巍巍苗岭

　　苗岭名山较多，以或雄、或险、或峻、或幽、或秀、或奇，矗立于苗疆各地。凯里市香炉山，壁立千仞，巍然耸立，挺拔险峻，雄奇壮观，为历代农民起义的战斗堡垒，现在是游览胜地。施秉县境的云台山，怪石崛起，奇峰鼎立，古木苍翠，沟壑幽深，是"世界自然遗产地"，为国家级风景名胜区潕阳河的主要景点。从江县的月亮山和孔明山，峻峰高耸，岗峦起伏，林海浩瀚，人迹罕至，神秘莫测。

　　苗岭北麓的江河溪水，经长期侵蚀切割，形成许多深涧峡谷。具有长江三峡之雄、桂林漓江之秀的潕阳河，在长达95公里的河段上，有8个幽深峡谷，两岸奇峰秀岭，悬崖绝壁，曲水依山，回峰抱水，上下有200多道湾和200多个滩，湾湾有景，滩滩有趣，组成一条五彩缤纷的天然画廊。重安江峡谷，两岸陡岩峭壁，峰高峦秀，猴群攀枝跳跃。龙鳌河有"人间藏秀"的美称，沿江石笋、石柱、石漫高悬两岸石壁，或杂陈岸旁，或矗立于溶洞口边，各显异态。横跨十余县市的清水江，两岸峰峦叠翠，林木葱郁，以其江水清澈碧透而得名。苗岭西面的都柳江，也因风光秀美而令人流连忘返。

　　苗疆之称，始于明代，但在明清的史籍中，这一称呼有广义、狭义之分。广义的苗疆，有时泛指今贵州全境，有时泛指今云南、贵州、

雷公山
· · · · · · · · · · · · · · · · · · · ●

苗族人口

　　2000年全国第五次人口普查，贵州苗族人口为4 299 954人，占全省总人口的12.19%。贵州苗族主要分布在黔东南苗族侗族自治州16个县，其中苗族人口10万以上的县就有8个，台江县苗族人口占该县总人口的96%，是全国苗族人口占全县总人口比例最大的县。

雷公山

四川、湖南、广西等省（区）。这主要由于时人将南方少数民族泛称为"苗"，其居住地自然被称为苗疆，《清实录》中即有"云、贵、川、广等苗疆地方"的记载。狭义的苗疆主要是指苗族聚居区，由于明清时期苗族有湘西和黔东南两大聚居区，所以又有楚、黔苗疆之别。

　　湖南苗疆，主要指湘鄂川黔边区的武陵山脉中段，是苗族的主要聚居地之一。为了治理苗疆，确定一个准确的疆域范围曾经是朝廷的一项重要工作。因此，参与平定乾嘉苗族起义的严如煜，在对历史作了认真研究之后，对苗疆作了一个很有说服力的概括。他认为，苗疆的范围应该区分历史范围及现实范围两个方面。历史范围主要包括：以沅江以西、西江以南、辰江以北及湘黔交界以东范围以内，北、东、南三面环水，西以高山为屏蔽，自成为一自然区。严如煜绘制的苗疆全图中，把贵州的松桃和铜仁都纳入湖南苗疆的范围。

　　贵州苗疆，狭义的仅指贵州东南部以古州即今榕江县为中心的苗族聚居区，包括今台江、剑河、榕江、丹寨、雷山、凯里、三都等县市两千余里的地方，历来被视为"化外之地"，是苗族的主要聚居区之一。自古以来由于这一地区十分偏僻，交通梗阻，不仅朝廷只能对其采取羁縻政策，就是大小土司亦不能予以完全的管束。土司和流官能得到居住在这里的苗族"归附"就知足了，而不能建立有效的统治。贵州苗疆的社会分为鼓社、理老和议榔三重结构，没有建立统一的强有力的地方政权组织，结寨而居，社会权力掌握在鼓藏头、理老和榔头手中，由他们主动自觉地按本民族传统和习惯法处理本寨和本地区事务。这种状况直到清雍正八年（1730）被清军征服后才逐步改变。

随着历史年轮的运转，苗族分批逐次进入苗岭后，开山辟地，历尽艰辛，在恶劣的地理环境条件下，发展农业生产，为开发贵州山区作出了巨大的贡献。

● 华裔苗人故乡在贵州 ●

新华社 2012 年 12 月 26 日电，来自老挝、澳大利亚和美国的苗族身着盛装，与中国西南贵州省雷山县的苗族一起巡游、参加祭鼓仪式、吃苗家长桌宴，庆祝"苗疆圣地"雷山县一年一度的苗年和每 12 年一次的鼓藏节。

美国苗族代表参加凯里国际芦笙节

"这是我第一次在中国过苗年，从没见过这么多种苗族服饰，也没见过如此隆重的祭祖仪式。"在雷山县举行的"民族服饰展演"上，来自老挝的苗族百通说，他们的服饰和语言虽有不同，但很多传统习俗与中国苗族的做法相同。在苗年开幕式晚会上，百通和他的"老乡"们还表演了融入了老挝特色的苗族歌舞，表达与当地苗族一起庆祝苗年的喜悦心情。

苗族迁徙地标

进入新世纪以来，每年都会有来自东南亚及欧美的苗族到仁怀市后山乡拜访一株神秘的古树——摇钱树。这株郁郁葱葱的摇钱树与先人历代口传的摇钱树一模一样。黔北、川南、滇东及旅居海外的苗族在为亡人超度的《指路经》中提到，只有把故去人的灵魂超度到摇钱树下，亡者才会魂归先祖的故里，生者才会平安吉祥，飞黄腾达。贵州是海外苗族名副其实的——"迁徙地标"！

东南亚和西方国家的苗族，是华人华侨的重要组成部分。他们热爱贵州，视贵州为祖宗之地。从元末明初开始，中国苗族长时期、多批次地迁居老挝；到清初和清中期，苗族又两次集中迁移到越南。在晚清的咸丰、同治年间，由于鸦片战争后社会矛盾日益加深，再加上太平天国运动的持续影响，贵州境内爆发了空前规模的各族人民大起义。咸丰五年（1855），张秀眉等在台江发动苗族起义。三年后，控制了整个黔东南地区。同时，黔南、黔中、黔西北、黔东也爆发苗民起义，还有白莲教号军、侗族起义等。各地各民族起义使贵阳成为一座孤城，清廷调集7省18万大军，血腥镇压。同治十一年（1872），起义最后失败，苗族民众背井离乡，四散逃亡。其中一部分通过云南、广西进入东南亚，这一次迁徙的规模则远远超过以往。

越南学者在一部叫《苗族的迁徙史及其族称》里说，苗族迁入越南有三个时期，前两个时期仅分别有80多户和200多户，而第三个时期正是在清朝咸丰、同治年间起义之后，延续六七代人，人数达1万多，最主要来自于贵州。法国人类学家勒穆瓦纳也认为，"起义失败后，有1万多苗民从贵州经云南和广西进入了越南"，定居下来。据越南官方的《越南少数民族概况》记载，20世纪50年代末，越南苗族共182 747人，是人口第4位的少数民族。吕文庐1959年曾率领越南代表团到贵阳，代表团中的苗族还用苗语同安顺的苗族同志对话，说的是苗语川黔滇方言。1989年越南苗族人口为788 053人，分布在全国各地，但主要在北部几省。在老挝，法国人调查资料说，大约从1864

年起，许多反清失败的中国军队进入老挝川圹地区，还有包括苗族在内的山民，多在此定居下来。到 1920 年，这一地区的苗族应为 3 万多人。到 1964 年，老挝苗族已发展到 40 万人左右。在泰国，法国学者莫当认为，苗族"是在 1840 年至 1870 年之间来到的"。我国学者认为，他们主要是迁入老挝长期定居后，于 19 世纪中后期转迁到泰国的。还有一些是先到越南，再到老挝，后才迁入泰国；也有少数到缅甸，后转入泰国。现在泰国苗族大约有 15 万人。在缅甸，果敢地区苗族传说，清朝中后期（一说 19 世纪中期），有 300 户苗族从贵州迁来，还说此次迁徙同云南回族反清起义有关，应是指 1856 ~ 1873 年杜文秀领导的云南回民起义。1985 年缅甸苗族有 3 万多人。

20 世纪 70 年代，东南亚形势风云突变，一部分苗族再次大迁徙，而且是越洋跨海迁徙。1954 年，根据日内瓦协议，法国退出印度支那。美国把这一地区看成是自己的全球扩张战略的重要环节，乘虚而入，积极扶持代理人。在越战中，美国通过所谓的"秘密战争"把老挝苗族也拖向战火。越战结束，大批老挝苗族相继进入泰国的难民营。而越南方面也有苗族出逃。难民营矛盾日益突出，泰国政府也感到不堪重负。联合国难民署经过多年的协调努力，帮助大多数难民移居世界各地。从1975年首批难民移民美国开始，直到2004年难民营全部关闭，10多万难民被美、法等国接纳。

到2005年，世界苗族人口总数约1 140万，其中中国约960万（其中一半在贵州，其余主要分布在南方六省、自治区、直辖市），越南85万，老挝36万，美国28万，泰国16万，缅甸4万，柬埔寨约2万，

山中苗寨

法国1.7万，圭亚那0.8万，澳大利亚0.4万，阿根廷0.3万，新西兰0.17万，加拿大0.15万，德国0.12万。苗族是一个名副其实的世界性的民族。

移居海外的苗族群体，都有着很强烈的民族认同感，成员一般都清楚地知道自己的族属，在长期的传承中，族群团体的凝聚力较大。从历史上看，各个民族的"溶解度"存在相当的差别。有些民族在异族"浸润"下，渐渐被溶化和同化，民族实体不复存在，只在历史上留下一个名词。而苗族则属于那种最难"溶解"的民族之一，在历史激流的冲击和浸泡中，特立独行地保持自我。其次，民族历史记忆深刻。从东南亚到世界各地，他们仍然保持祖辈延续的迁徙记忆。绝大多数部族认为他们的祖先来自中国，来自贵州，贵州是他们的"根"。另外是民族习俗保留较多。以美国苗族的信仰习俗为例，从其信仰行为中仍可看到其共同传统所表达的基本苗族文化的认同。美国苗族祖先崇拜中对蚩尤的始祖地位的认可、葬礼的仪式、日常信奉的神以及铜鼓、芦笙等乐器在宗教仪式中的象征、巫师的地位、巫词的内容和意义等等，不仅在苗族移民各社区，而且与中国苗族的信仰都有许多共同或相似的地方。这正好说明了不同地区苗族对苗族同源的传统的继承和延续。

CHIYOU
蚩尤
HOUYI
后裔

● 雷公山下的议榔长老 ●

　　议榔定规是雷公山地区苗族最重要的社会管理机制。议榔定规，黔东南苗语叫 ghed dlangb mil gil。议榔定规一般由苗族传统社会中一定自然地方长老们共同约定，在特定的地点召开村民大会，制订若干乡规民约，用以维护该自然地方的社会稳定和发展。议榔定规大会由各村寨代表长老集体主持，仪式则由该自然地方有家传威望的议榔长老具体执行。可见，议榔长老是长老群体中德高望重者，掌握着苗族议榔文化遗产的核心内容。仪式主要内容：一是祭祀议榔和贾理诸神以及苗族先祖；二是诵咏议榔古经，其内容主要为议榔的缘起及议榔历史；三是宣布本届议榔大会约定的乡规民约内容；四是主持议榔牺牲——牯牛的献祭和榔肉的分送，凡接纳榔肉的村民，则表示认可所定榔规并遵照执行。雷公山地区陶尧苗寨著名议榔长老唐炳武是省级非物质遗产传承人。以下是我们采访他的口述记录。

我的汉名叫唐炳武，从我往上推数的第16代公，他的苗名叫 Ongd（"翁"），"翁"苗话是"塘"的意思，官府登记时"唐"就成了他的姓。这就是我们唐姓的来历。

我们家族迁徙到陶尧这个地方，已经有几十代人了。陶尧这个地方田坝很大，很多引水灌田的水沟从几十块大田下面穿过。张秀眉和杨大六起兵抗清，最后他俩就是在我们陶尧这里被叛徒出卖诱捕，送到长沙杀害的。

唐炳武在接受专家采风

在我们这一带，大家都把我看成苗族吊脚楼大师傅。我现在是省级苗族吊脚楼营造技艺的传承人。我一辈子建造的吊脚楼有100多栋，仅仅是当掌墨师傅建造的房架就有70栋。由于我建造房子从来不出事故，栋栋都非常顺利，所以人们都认为我这个木匠是个"福匠"，都愿意来请我当师傅。前些日子，贵州省文化厅还通知县里，让我制作了一个苗族吊脚楼的模型送贵阳呢。

我们苗家民居的建造历史应该很悠久了。据说我们祖宗迁徙到一个 Diux Bib Qongd Zaid Bib Jis（"丢巴穹宅巴吉"）的地方，订立了苗族立房的规矩。"丢巴穹宅巴吉"就是"三间屋"的意思，所以苗族的吊脚楼基本都是三个大开间的格式。中间的大开间，一楼是堂屋，二楼是"美人靠"，左右开间才是卧室。苗家的吊脚楼一般在屋基上竖立木桩，高处架楼梁。这种三开间的楼房，占地不多，可以随处在不规则的复杂山坡上建造。苗族房子的穿斗结构把柱子穿成排后，一排排渐渐立起，再用梁把它们固定。每根柱脚垫块石头，不用开挖牢固的基础。建筑专家称，苗族吊脚楼是没有基础的房子。想来还是很有道理的。

除了苗族建筑技艺，我还非常喜欢苗歌。我们这个家族，可以说是个苗族古歌世家。从我往上推数的第9代公叫旺告，当时就是这一带有名的歌师。旺告生你旺，你旺生喜你，喜你生嘎喜，嘎喜生娄嘎，娄嘎生宝娄，宝娄生你宝，你宝生旺你，旺你生久旺，久旺生你久，你久就是我的苗名。我的爷爷旺你也是这一带有名的歌师。著名的歌师唐德海，就是我爷爷的徒弟。唐德海的歌唱得很好，他还是中国民间文艺家协会的理事呢。1979年，他参加了全国少数民族歌手诗人座谈会，受到了当时的国家领导人邓小平等的接见，还在国宴上即席高唱祝酒歌。

　　我爷爷旺你样样精通，是著名歌师，还是祭祀长老和议榔长老。由于家传，我也成了祭祀长老和议榔长老。我20岁，就开始在雷山到西江一带主持了六七次议榔仪式。唐德海虽然很有名气，主持很多次的"说理"，但是他是不能主持议榔仪式的，人们也不会请他。不少议榔仪式他也在场，我诵经虽然也讲"唐炳武来定规，唐德海来议榔"，实际上的议榔仪式，只有我才能主持。这是祖规。

　　过去我们苗家的大事，如村规民约的订立、乡里乡亲的婚姻规矩甚至像张秀眉举旗抗清，都要举行议榔仪式来决定。以前，我们议榔每三年举行一次。如果村寨不安定，发生损害社会风气的行为，出现大家都觉得很严重的事情就要提前举行。1986年春，黄里乡的议榔仪式就是我主持的。那里有几百户人家，有六七百村民参加了议榔。大家按照习惯举行了隆重的"议定"仪式，宰猪杀鸡，签字按手印。1988年，陶尧、乌尧、黄里的各村寨在陶尧举行的那次议榔，也是我主持的。当时每家每户都出一点钱，买了一头水牯牛。大家将水牯牛牵到过去曾经举行过议榔的草坪上，由我诵经宣讲有关订立禁止乱砍滥伐榔规榔约，然后杀牛分肉，每户一块，表示户户同意，人人遵守，谁都不得违反。仪式结束后，大家把牛头挂在通往几个村寨路口的大树上，告诫大家都要牢记榔规榔约并严格遵守。

　　虽然我也是祭祀长老，基本掌握苗族各种祭祀仪式用的祭祀古经，但是我不"过阴"，也不主持特别重大的祭祀仪式。我父亲曾经跟我说，如果你成了贾理长老，就专心专意学好这一祖业。不能样样都吃，样样都做，这样才平安长寿。做长老很不容易，一要有家传，二要人品好，三要会古经，四要儿孙满堂，缺一样都不行。苗家的所有传统知识，基本上都保存在古经里，如苗历的"嘎吉嘎希"、摆古历史、各种各样的道理、为人处世方法等。我虽然是省级苗族吊脚楼营造技艺的传承人，可是来我这里的专家学者，基本上都是来了解苗族贾理和苗族议榔方面的。

跟我学习苗族吊脚楼建造的徒弟有3人，现在他们都可独立掌墨。周边不少人，也喜欢跟我学古歌和嘎百福歌。但是我们家祖传的贾理古经和祭祀古经的传承，很是令人担忧。由于我儿子不愿意学我们家族主持议榔的传统，可能过我这一辈，就再也没有传人了。说起来，还是非常可惜的。

● 从祭师到贾理传人 ●

贾理长老，又称理老。理老苗语叫 lil lul，又叫 ghet jax（"高贾"）或 xangs jax（"相贾"）等。黔东南和黔南地区传统苗族社会的贾理活动和各种仲裁仪式，以及社会纠纷的调解事务，主要由贾理长老主持举行。历史上，台江地区的 Ghet Lul Mal（高娄麻）和近当代雷山地区的唐德海，都是著名的苗族贾理长老。贾理长老必须能够熟练诵唱贾经，掌握苗族经典判例——贾例（苗例），为人公明正派。丹寨县排调河流域的著名贾理长老王启荣是省级非物质文化遗产传承人。以下，是我们采访他的口述记录。

贾理文化传承人王启荣和他的祭仪剪纸

我叫王启荣，1941年11月出生于丹寨县加配乡岔河村侗角苗寨，现在划归排调镇。我的苗族名叫霓四往，我的高祖叫告耶、曾祖父波耶、祖父叫往波、父亲叫四往。他们或他们的兄弟都是这

贾理传承比较完好的古村落——丹寨侗角苗寨

一带有名的祭祀长老。

　　我们寨子下面的岔河，这些年很多人到这里漂流，渐渐小有名气，成为贵州省的一个自然风光旅游点。岔河是都柳江上游排调河的一段，源头在雷公山上的冷竹山，两岸基本上是我们这支苗族居住。我们这支苗族的远祖 Liux Dlib（"柳西"）在距今 800 年前，就迁居到丹寨县与雷山县交界的猴子河流域，生育了尼柳、留柳等 5 兄弟，后裔散居于丹寨、雷山、三都、台江、剑河、榕江、都匀等地。

　　我小的时候只在岔河村小学读过书。由于家境贫寒，1954 年就回家砍柴割草，干农活了。我从 8 岁起，由于受祖父和父亲的影响，对苗族歌谣、贾理等十分感兴趣。祖父和父亲都是这一带有名的苗族祭师和歌师。那个时候，白天跟大人上山做活路，晚上在村头的歌凉坪上听老人们唱歌、摆古。

　　尤其是逢年过节或哪家有婚丧嫁娶，我们苗族都以歌以贾为礼节。苗族的年歌、贺儿歌、酒歌、山歌、盘古歌、贾理等，多得数都数不清。这些歌谣包含了苗族的习俗、礼节和为人处世的规范，是做人的起码常识和要求。

　　我年轻的时候，曾经担任过一段时间的乡团委书记。在这期间，我走村串寨做青年工作，结识了许多青年朋友，在同他们交往中，知道他们同样对苗歌感兴趣。尤其是在游方场上，青年男女盘歌对歌，对答不出来是很丢脸的事，会失去友伴，会唱歌的会夺走你心爱的人。所以，那个年代苗歌对苗族青年很重要，几乎人人都争着学歌和唱歌，为娶到一个称心如意的爱人，为有一个出众的前途，个个都想当歌手。由于我得天独厚的条件，在当地也成为一名小有名气的歌师。

　　后来，我被调去乡里的林场当场长，同我一起在林场的还有一个祭祀长老和几个老头子。祭祀长老也姓王，我们认了家门，他既是祭师又是草医，用他的话说，神药两解，巫术、草药总有一样能治好病。那时乡村缺医少药，很多人生病除了吃些草药，都要请祭师祭神驱鬼，除非大病才去医院。祭神驱鬼活动多半在晚上进行。林场离各村寨比较远，山路又不好走，祭师每次出去，我都陪着他才放心，因为我比较年轻。有时一去就是一晚上，第二天还得干活。久而久之，我们感情好了，他把他会的东西都教给了我。跟着他，我学会贾理、祭词、巫词、巫术和草药。后来，我的祖父、父亲和王祭师都先后去世，当地的一些祭祀活动就只能由我来担当了。在活动中我也更加丰富了自

贾理文化省级传承人王启荣向后辈传承贾理经典

己的知识，渐渐出了名。

我就这样，不知不觉成了一个年轻的祭师。不久，"文化大革命"来了，我成为"牛鬼蛇神"被抓去到处游斗，有时还挨打。但是暗地里老百姓还是来请我去主持祭祀仪式，尤其是老人过世，一套古礼是非搞不可的。逢年过节、接亲嫁女和一些祭祀活动也少不了算个日子选个吉日什么的。人家来请，不去又不好，能推的推了，不能推的，只好硬着头皮去。就这样，我被免去了林场场长职务，回家务农。回家后，我发誓不再搞这些祭祀仪式了。但是，总是有人来找，实在没办法，只好偷偷摸摸地做。又一个十年过去了，1988年，丹寨县民族事务委员会要编写民族志，他们知道我熟悉苗族传统宗教信仰和风俗，于是通过熟人请我到县里。我的命运由此发生了奇迹性的转变，在县民族事务委员会的一年里，我学会了苗文，也认识到了我所掌握的那些苗族文化的重要性。我用苗文把它们写了下来，后来被编进了一些书里。我还被写进了《贵州民间艺人小传》那本书里呢。

丹寨县文化局的领导经常鼓励我，要我理直气壮地传承苗族的贾理文化和信仰文化。于是，每年农闲的时候，我就以我家为点，举办苗族贾理培训班，把本寨和周边村寨热心传统文化的一些年青人组织起来，传授苗族贾理和一些祭祀古经。值得高兴的是，现在已有几个人能够出师了，我也被评为贵州省非物质文化项目传承人，我们苗族的文化又能传承下去了。我也老了，我只希望我们苗族的那些有用的文化能够多出书，留给后人，不要让它们消失。

● 制作百鸟衣的百灵鸟 ●

苗族服饰历史悠久，早在《后汉书》就记载，苗瑶民族"好五色衣服，制裁皆有尾形"。苗族文化遗产传承至今，不论是贯首衣、百鸟衣、雄衣还是迷你裙和男人的古老装束，繁多的支系造就了服饰文化的多样形态。苗族服饰的款式不下百十余种，其结构样式复杂多变，装饰纹样五彩缤纷，各类银饰华贵精细，风格或粗犷，或质朴，或繁缛，或纤细，或轻松，或凝重，审美情趣万千变化。丰富的苗族服饰文化遗产，是勤劳贤惠的苗族妇女心灵手巧的智慧结晶。百鸟衣是苗族服饰文遗产的代表作，榕江县都柳江畔的姜老本是著名的苗族服饰文化遗产传承人。以下是我们采访她的口述记录。

我叫姜老本，住在贵州省榕江县兴华水族乡摆贝村，bangx（"本"）在我们苗语中是"花"的意思。我的个性就像我的名字，从小就喜欢挑花绣朵。在我很小的时候，父亲就过世了，母亲改嫁到一个叫高排的村寨。我就这样成了孤儿，读不起书。采野花，用小石子在地上乱涂乱画，用小剪刀剪芭蕉叶……这就是我的童年。

14岁，我就过门到婆家。我丈夫的公公原来是台江县施洞的一个苗族丝线商，他到都柳江一带贩卖丝线发了财，娶了5个老婆。她们都是些能刺绣、会画蜡的苗族妇女。我的姑子，多少也得一些家传，能绣也能画。我的刺绣和蜡染技艺，开初就是跟我姑子学的。

我年轻时碰到的两件事情，对我刺激很大。26年前，寨上要过鼓藏节了。苗族鼓藏节一般是13年才过一次，家家户户都在忙，为过这个隆重的大节做准备。公公居然当着全家人的面，拿钱给二媳妇，说："大媳妇从小没爹没娘，自然是做不了百鸟衣的，那就负责养鼓藏牛。二媳妇就在家刺绣画蜡，准备自己过节的百鸟衣吧！"这样，二媳妇就一年到头闲着在家准备过节用的百鸟衣，我和丈夫则负责全家的农活和喂养两头鼓藏牛。同时，我也在百忙之

刺绣和蜡染能手姜老本及作品

姜老本和姊妹们切磋刺绣和蜡染技艺

余用自己攒的私房钱买了丝线，做了自己的百鸟衣。我一定要向人们证明，即使我从小没有爹娘，同样也会刺绣和蜡染，而且还做得比别人好。

自从那一年的鼓藏节之后，我就这样做起了刺绣和蜡染。做得多了，就开始把剩余的拿到市场去卖。有一年，榕江县在县城举办"西瓜节"，政府花钱到村里请一些人去参加民间工艺展销。我也想参加，但却轮不上，于是带着自己的东西自费去参加，可是人家却把我撵来撵去，不让我挨边。这件事对我震动也很大，我暗下决心，一定要在刺绣和蜡染工艺上做出样子来，拿到州府凯里去，拿到省府贵阳去，一定要让大家看看，我的刺绣和蜡染到底行不行！

我从小和丈夫张泽民一起长大，他文化不高，但对我搞民间工艺十分支持。有一年，我决定多开垦些荒地，多种些包谷，也许能解决家中的一些困难。丈夫给我算了一笔账，即使家中的土地全部种上包谷，全年算下来每天也就十几元的收入。如果静下心来做蜡染和刺绣工艺出售，每天的收入则要多达50余元。

　　我丈夫是苗族民歌能手，古歌、酒歌、情歌样样能唱。酒礼歌、阿荣歌就是丈夫教我才会的。我所做的蜡染和刺绣图案，大都是我们日常生活和民歌所唱的东西。我能够在蜡染和刺绣工艺上做出一些名堂来，与我丈夫的大力支持是分不开的。

　　2007年，我第一次参加榕江县"多彩贵州旅游商品包装设计大赛"，获"榕江名创"荣誉称号后，被推荐参加黔东南州赛区能工巧匠大赛，被授予"黔东南名匠"荣誉称号。2009年，兴华水族乡人民政府聘请我为"摆贝村民族文化走进校园"指导老师。2010年，我入选贵州省级第二批非物质文化项目代表性传承人。2011年，由于在民间工艺方面的成绩，我被选为村委委员，被选送到贵州省妇女干部学校培训。2012年，我获得贵州省"十大民间蜡染工艺大师"称号。

　　在我的影响下，我们村上的很多妇女又重新操起苗族蜡染和刺绣老手艺。很多人到我家来学艺，我毫无保留地把自己所擅长的图案一一传授给她们。2011年8月，在省妇联、州妇联和县妇联的支持下，我们以我家为点，办起了兴华水族乡摆贝苗族妇女刺绣互助组。

姜老本及代表作品

　　作为"摆贝村民族文化走进校

蜡染和刺绣能手杨秀芝（右）

园"指导老师，我每周一、三下午都要去摆贝小学给孩子们上剪纸和刺绣课。剪纸和刺绣是苗族工艺的基础，苗族蜡染与剪纸和刺绣的图案一模一样，只要掌握剪纸和刺绣技巧，点蜡就轻松多了。我育有一男一女，儿子贵州大学毕业后在电信公司上班。女儿现在榕江县城读高中。在我的影响下，他们也会我们苗族的剪纸、刺绣和蜡染。

交通不便、远离市场，做的东西不容易出售，这是我们目前最大的困难。村上的一些妇女看做的刺绣、蜡染卖不出去或者卖不上好价钱，就渐渐淡心了。只有我一心一意坚持着，我想只要努力到底，将来一定会有好结果的。

● 乌蒙山中鲜美的蜡染金花 ●

苗族有着自己丰富多彩的民族文化和民族艺术，其中的蜡染艺术久负盛名，独放异彩。蜡染专家津津乐道的丹寨型、织金型、榕江型等艺术风格蜡染，都属于苗族蜡染。苗族蜡染的类型很多，图案纹样丰富，风格单程古朴，在我国众多的民族民间蜡染中独占鳌头。2006年，丹寨县苗族蜡染技术列入第一批国家级非物质文化遗产名录。2011年，黄平蜡染技艺列入第三批国家级非物质文化遗产名录。2012年，丹寨县王阿勇列入第四批国家级非物质文化遗产传承人名单。第十二届全国人大代表、"贵州民间十大蜡染工艺大师"荣誉获得者蔡群，是蜡染文化传承人中的杰出精英。以下，是我们采访她的口述记录。

2009年7月，我开始创办织金县蔡群苗族蜡染刺绣工艺厂。2011年3月，我被评为"贵州省百佳创业小老板"。同年11月，我创办的工艺厂被列入"贵州省旅游商品产业重点企业"。2012年6月，我被推选担任贵州民间文艺家协会民间蜡染艺术委员会副主席。

　　我只是乌蒙山中的一朵小小的蜡花，希望更多的人爱护我和帮助我。我虽然被选为十二届全国人大代表，但是我知道，我背后站着并支持我的有苗族的蜡染前辈王阿勇和杨金秀，还有丹寨县的"蜡染小姐"杨芳、榕江县的百鸟衣制作能手姜老本、平坝县的"真丝蜡染先生"杨正华等很多我的兄弟姊妹，我只是他们中普通的一员。

　　说起自己的"贵州梦"，我能有什么要说的呢？像我这样一个农民女儿，也没有什么诗情画意的想像。我的"贵州梦"很普通，就是希望有一天，我和家乡的姐妹们都能在家里面一边做着刺绣蜡染，一边唱着山歌。

　　我中学毕业不久，就像我们家乡大多数年轻人一样外出打工，因为在家种地，根本挣不到钱。正好二姐一家人在贵阳打工，我于是来贵阳找二姐。然而看到二姐的工作，我简直惊呆了：她所说的在贵阳打工，原来是捡垃圾。尽管已经过去多年，但是回忆起当时的场景，我常常忍不住流下眼泪。我的亲姐姐在捡垃圾啊！我怎么能不难过呢！离开贵阳，我南下深圳打工，希望有更好的机遇。然而在深圳，工作同样没有什么起色，跟我姐姐一样，我也没有什么技能，只能做餐厅服务员之类的工作。当时村里外出打工的人大多没有什么技能，在城市里只能从事一些比较底层的工

贵州民间蜡染艺术大师、全国人大代表蔡群及作品

作。我当时就想，自己以后一定要好好努力，让二姐和村子里其他姐妹不再过那么苦的生活。

直到2006年，"多彩贵州旅游商品两赛一会"，才让我发现了机遇。凭借着自己的一双手，我在赛会上获得了"能工巧匠"的称号。我发现，许多外省人特别喜欢我的绣品。拿着奖状，除了为自己感到高兴，当时心里想得更多的是，可不可以做经营绣品的生意。这个手艺不但自己在行，家乡的姐妹们也在行。跟我爱人商量后，2008年，我们从亲戚朋友那里借了8万块钱，开办了一家蜡染刺绣公司。我把二姐和村里许多在外打工的姐妹都叫回来，为自己的公司做绣品。慢慢的，我们公司打开了销路，除了在村子附近的旅游景点销售外，贵阳、北京、上海等地也渐渐有了自己的客户。

我的家乡是一个很普通的苗寨，叫妥俾，就在织金县城东北面的国家级著名风景名胜区织金洞境内，妥俾苗寨有上妥俾和下妥俾之分。妥俾是苗语的译音，是"神树"的意思。有专家说，我们妥俾苗寨是织金型蜡染的代表村寨。我从8岁起，就跟妈妈学习刺绣和画蜡。

这里的蜡染工艺除了风格细腻外，与其他地区蜡染工艺相比较，多了一道叫"锁绣"的工序。锁绣是整个流程的点睛之笔，又染又绣，让这种蜡染显得更加别致。锁绣一般是在所有工序完成后，根据棉布上的图案来决定是否加上去。织金锁绣是非常古老的一种绣法，也是12种刺绣当中的一种，就是将绣线环圈锁套，绣出来的丝线效果形同锁链，所以叫锁绣。据传说，这些技艺都是我们的祖宗从北方迁徙到贵州时带来的。我们家乡也有马尾绣，后来我看到水族的马尾绣，还真的跟我们的工艺有些相像。妥俾苗寨像我这样又能刺绣又能画蜡的苗家女子很多。2012年，和我一样获得"贵州省十大民间蜡染工艺大师"称号的还有杨章芬。她的作品还获得了"2012年中国旅游商品大赛"银奖。2012年，我参加了贵州省首届民间蜡染文化传承人培训班，有机会认识了姜老本、王阿板、杨正英、杨芳、李冶英、杨正华、兰启凤等全省有代表性的民间蜡染艺术家，我才真正明白，民间蜡染的天地真广阔，蜡染文化的世界真奇妙。

我到北京参加全国人民代表大会，就专门准备了一份加强民间文化产业发展的建议，会上向大家介绍了自己的想法，希望政府大力支持和鼓励有创业意愿的创业青年，带动群众将民间传统工艺与旅游相

蜡染大师熊丽及蜡画作品

结合，制作成具有地方特色的旅游商品。现在传统手工艺品管钱了，升值了，制作人员就必然会越来越多，这样不仅能保护我们传统的民族工艺，还能够带动少数民族村寨的民间文化产业的发展。我相信，在未来的某一天，一定能够将自己所想像的那幅"绣着苗绣，唱着苗歌"的图景，变成幸福的现实生活。

● 古歌世家的传承者 ●

　　苗族古歌至今还在民间流传，这种活形态的艺术形式之所以得到发扬和传承，关键就是有一批古歌传承人作为这一非物质文化遗产的重要传载者和传递者，仍然在苗岭群山中高举古歌文化的火把昼夜兼程。他们掌握并传承着苗族古歌精湛的演唱技艺及文化内核，对传承和保护苗族非物质文化遗产作出了重要贡献。著名的苗学者今旦及其家族不仅能演唱古歌，他们数十年来还以坚韧不拔的毅力，用苗文对苗族古歌进行科学的记录和研究，并对外传播。如果没有了苗族古歌的传承人，苗族古歌的生命力会逐渐丧失；没有他们在民间坚守着苗族古歌的生态延续，其保护与传承就成一句空话。以下，是我们对著名的苗族古歌研究专家吴一文采访的口述记录。

吴一文（中）和苗族祭司

Jib wix qit bel dlel,	继尾勃然冲天怒，
Jib wix yangt lol mongl.	展翅一飞就远走。
Yangt wix ib dangl diongl,	飞到高岭半山谷，
Vangs gangb nongx mongl yel.	寻找虫儿吃去了。

　　当我还在咿咿呀呀学习汉语时，就从爷爷、爸爸和妈妈那里学会了这几句苗族古歌，虽然时时挂在口头，却根本不懂它的意思。因为我虽然是苗族，却由于父亲被划为"右派"下放劳动的缘故，生长在贵州省修文县一个叫毛狗洼的汉族小山村。

　　我开始说话时先学会的是汉话，但父母也教我们说苗话。因为父亲过去曾是中央民族学院和贵州民族学院教授苗语和苗族民间文学的老师，他对我们的母语学习十分重视，而妈妈在与爸爸结婚前县城也没有到过，更不会说一句汉语。这样一来，苗语成了我们家的"官方语言"。

　　在我五六岁时，我的爷爷
Dangk Sangb Mal（"旦桑麻"）
从台江老家来和我们住。爷爷
是老家有名的文化人，他不仅
懂汉语，曾经在新中国成立前
到过湖南常德做生意，会写一
手漂亮的蝇头小楷，还是当地
有名的苗族歌师和理老，乡亲
们都称他是"Ghet Vangb"（像
苗族神话中智慧之神姜央一样
聪明的人）。爷爷来后，时有
一些老乡来看他，他们就经常
唱苗歌。

　　1979年爸爸去北京落实政
策，参加了全国少数民族歌手
诗人座谈会。那张与党和国家

吴一文在剑河县进行苗族文化生态调查

领导人1米多长的合影，给我留下了深刻印象。1982年暑假，
爸爸把刚刚小学毕业的我从农村带到贵阳（当时他已经落实
政策安排在贵州省民族研究所工作），住在招待所里。我没
有朋友，也没有什么事做，爸爸上班后我就看当时中国民间
文艺研究会办的《民间文学》和贵州省文联办的《南风》，
除了爸爸搜集整理的《向巴》《尕贡》等苗族民间故事外，
杂志上其他人的文章我基本都看完了，我对民间文化开始有
了兴趣。1983年爸爸与他的老师马学良先生共同译注的《苗
族史诗》出版，我才知道小时候学的那几句古歌就是从这里
面来的。苗族民间文化在我脑海中的印象越来越深。

　　后来，我考取了与民族民间文化密切相关的贵州民族学
院历史学专业，还加入了当时由学院民族语言文学系主任潘
定智教授发起的民间文学研究社。大学毕业后我虽然从事新
闻采编工作，但对民间文化的情缘一直只增不减。1996年，
我和我二姐夫覃东平（贵州省民族研究院民族学与人类学研

台江苗族服饰

究所所长、研究员）申报了《苗族古歌与苗族历史文化研究》的国家
课题，并获准立项。这个课题可以说是我们整个家族共同努力的结果。
我爸爸将上世纪50年代起记录的原始资料翻出来供我们使用，且经常
为我们提供指导。我妈妈帮助也很大，虽然除了人民币上的数字和爸
爸、我的名字外，其他汉字她一个也不认识，但我认为她完全可以堪
称民间文艺家，因为我的外婆生前是当地著名的歌手，她耳濡目染，
深谙苗族文化知识，研究中稍有不明，我们就去请教她，多会迎刃而解。
我的两个舅舅一位是歌手，一位是苗医兼铁匠，课题中很多苗族冶金
文化知识和医学知识，得益于他们的资料。我的三叔在我爸爸的指导下，
能娴熟地用苗文记录资料，他又是一位当地知名的苗医，使我们的研
究受益匪浅。我的二叔也是当地的非物质文化遗产传承人。

　　2000年在父母、岳父母的物质和精神支持下，我们自费出版了这
项课题的同名专著。这本书面世后反响不错，获得了中国民间文艺"山
花奖"二等奖和贵州省人民政府文艺奖二等奖，苗族学者李炳泽先生

还在《中央民族大学学报》发表书评称这是"中国近百年来苗族古歌研究的集大成之作"，既使我深感汗颜，更使我备受鼓舞。这本拙著的出版，开启了我以"苗族史诗"为主要对象的民间文化研究新历程。

2007年由我主持，爸爸和三姐吴一方（贵州省博物馆副研究馆员）参加的《苗族古歌通解》列入国家社科基金课题，2011年结题获得良好等次。此课题的成果之一《苗族史诗》（苗汉英三文对照版）经三姐和美国俄亥俄州立大学马克·本德尔教授翻译成英文，被列为国家民族文字出版专项基金项目，2012年9月由贵州民族出版社出版。2012年我主持的《苗族民间叙事传统研究——以苗族古歌为线索》被列入国家社科基金课题，同时国家社科基金特别委托项目《中国史诗百部工程》子项目《苗族史诗》（黔东南）也由我主持实施。我正在探索将苗族古歌研究从"外部"深入到"内部"，让它作为苗族文化的"元典""经典"地位得到不断突出和巩固。

爷爷已经去世30年了，爸爸也83岁，妈妈73岁高龄。我时常在想，抢救民族文化，说一千道一万，就要从身边做起，从自己的父母爷奶着手，人人都这样做，我们的民族文化就不用抢救而自然发展壮大，世代永传。这就像我爷爷在一首题为《你们家里名师多》的苗族古歌"歌花"中唱道的：

But bangs dinx ghaib langl,	茅草生在山坡旁，
Lot dlongs dinx vib jenl.	坳口埋下界石桩。
Mangx zaid not vangb lul,	你们家里名师多，
Not sos ghet bub lil.	祖公多人都善唱。
Mangx ghet job mangx nal,	你爷教会你爹爹，
Mangx bak job mangx lol.	你爹教你你更强。
Vas liek jub dex Diel,	锐像客家好铜针，
Jub dok dens niangx niul.	赛过织缎老挑簧。

GUFENG
古风
SHENYUN 神韵

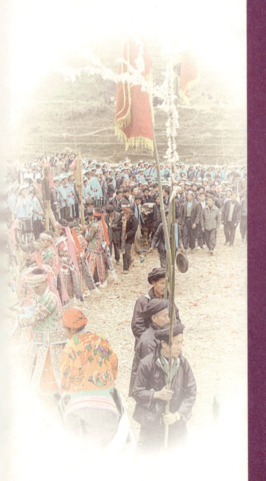

● 鼓藏节的典仪 ●

　　苗族过鼓藏节到底起于何时？苗族口传经典认为，鼓藏节是由苗族祖先 Ghet Vangb（央公）祭祀人类圣祖母 Mais Bangx Mais Lief（"曼榜曼留"即蝴蝶妈妈）兴起的。相传央公兄妹在一场灭绝人类的大洪灾后幸存下来，不得不成家育子，年年风调雨顺，岁岁稻谷满仓。后来，有一年忽然发生瘟疫，人畜死得很多。第二年又大旱，庄稼颗粒无收。央公请来的祭祀长老说，是因为央公的大儿子有几次让水牯牛踩到圣祖母曼榜曼留的坟上，引起老太太生气，要央公秋收后杀水牯牛祭祀她。姜央遵令行事，果然灵验，又恢复了从前人人康乐和农业丰收的景象。后来祭祀长老祈祷祖灵得到允诺，按天干地支历法的十二地支每年举办一次小祭，每隔 12 年举办一次大祭。小祭就是苗年节，一般用猪做祭品。大祭就是鼓藏节，一般用水牯牛做祭品。苗语苗年就是祭年节，鼓藏节就是祭鼓节的意思。

　　古代鼓藏节的鼓用枫树制成，因用枫树易腐烂，后改用楠木凿就。楠木，黔东南苗语称为 det hfab niel（"斗发诺"），直译就是"制鼓树"的意思。苗族相信，历代祖宗的英灵就寄宿在鼓中，所以这鼓一般也叫祖鼓。传统上，苗族村寨一般都在寨子附近选择一个山洞来保存祭祀用的这些楠木鼓。这个山洞，就叫藏鼓洞。正规的鼓藏节一般要过三年，第一年引鼓，第二年祭鼓，第三年送鼓。引鼓，就是把鼓从藏鼓洞接到寨中负责主祭的人家，这家的男性主人就叫鼓藏头。第二年，村寨中同宗族的人全族祭鼓。第三年把祖鼓又送回藏鼓洞，鼓藏节大典才正式结束。鼓藏节一般以宗族为单位进行祭祀，所以"鼓"在苗族中也具有宗族单位的意义。一个鼓就是一个宗族。明清时期，把雷公山一带的苗族称为"九股苗"。"九股苗"，人们一直弄不明白这个名称到底是怎么来的。实际上，"股"是"鼓"的误译，苗族将各个宗族泛称"jex jangd xongs jax"（"九鼓七贾"），由此引申指雷公山一带的苗族。"九股苗"应当是从这

鼓藏节

　　在苗族众多的节日中，鼓藏节是规模最为宏大、历时最为长久、参与人数最为众多、热闹气氛最为隆重、内涵最为丰厚的节日。因此，2006 年，雷山苗族鼓藏节列入第一批国家级非物质文化遗产名录。

榕江高排鼓藏节

个单词误译而来。

　　从"jex jangd xongs jax"（"九鼓七贾"）这个概念中，可见贾（jax）和鼓（jangd）异文同义。同时，贾又有"鼓社"的含义。贾理的本义，就是鼓社祭仪中的祭肉，由礼肉引申到理肉，再抽象为道理之理。杨正文教授就认为，鼓社祭祖中的杀牲仪式和分肉仪式，就是充分表现姻亲关系差序的变量，鼓社祭仪通过对祖先、家族、姻亲关系的确认与强化，使苗族社会关系获得了制度化的统合，使社会获得了有秩序运行。每一次鼓藏节就是家族内重新议椰、强化内部凝聚力的贾理仪式。

　　可见鼓社与贾理一直紧密关联。这种关联体现在两个方面：一方面，苗族鼓社一直设立负责家族贾理事务的鼓主。除了鼓社大鼓主ghab niel（"嘎略"）、祭祀鼓主 ghab xangs（"嘎相"）等外，一般还专设负责本鼓社贾理事务的专门鼓主。贾理事务鼓主在雷山一些地方叫 ghab jax（"嘎贾"），其义为"理根"或"理头"；在剑河地区，鼓社中的祭祀鼓主与贾理鼓主合二为一，统由叫 ghet yul（"高尤"）的鼓主负责，高尤鼓主通晓理歌理词，主持祭祀活动及调解鼓社内各种纠纷。另一方面，鼓社及祭仪，一直与贾理调解、议榔定规等贾理仪式紧密相关，也一直是苗族贾理诵唱的核心内容之一。吴德坤、吴德杰《苗族理辞》有专门篇目《制鼓祭祖》，详细描述了祭鼓的起源、仪式以及相关部族的关系。另外的著名贾理篇章《曼朵多》和《希雄》，均以祭鼓活动作为故事背景。如果不理解苗族鼓社制度，就难以真正弄懂这些贾理的内涵。王凤刚的《苗族贾理》，更是专列出《祭鼓篇》作为全书主体结构的一部分，来收录与贾理紧密相关的祭鼓古经。

榕江高排鼓藏节

　　专家推测，苗族的贾理古经可能是从祭祀长老的祈禳古经，特别是鼓藏经分离而出。黔东南苗族认为，祖先去世后有一个灵魂聚居在 Dangx Gix Zaid Niel（"党格宅略"），也就是祖宗神灵跳芦笙和踩鼓的地方。人间举行祭鼓跳笙，也就是用这种方式不断协调人与祖神的关系，以求幸福和快乐。当然，还要祭祀人类圣祖父和圣祖母以及央公等群神，还有那些常常作弄人的鬼灵。祭鼓，也是当地苗族社会最高级别的祈禳活动。为了能够请神保佑、驱鬼出门，祭鼓经中有相当部分是诵唱神鬼起源及其谱系的内容，其仪式的目的在于协调好人与神鬼的关系，同时也不断强化人们传统的信仰理念。

　　苗族的议榔定规，开始只在家族宗支内进行。祭鼓仪式往往就是这种议榔定规的延伸。剑河县历史上的 Dangx Ghed Dlongs Jit（"党果松吉"）议榔就是这样。据史歌载，在一次鼓社活动中，一对恋爱的

雷山乌流鼓藏节

男女青年（娥姣和金丹）被人们抓了起来，长老们要按照族规对其严惩，因为他们毕竟是同一家支的远房后裔。按说，那时候苗族已经分成很多支系了。一首关于"娥姣和金丹"的歌这样唱到：

● 雷山招龙

那对五十个"方"的男青年，
个个头上插着鸭羽毛。
六十个"柳"的男青年，
个个头上戴着野鸡尾。
五十个"西"的男青年，
个个头上戴着家鸡尾。

　　Fangs（"方"）、Liux（"柳"）和Dlib（"西"）是苗族支系的名称。因此，反对严惩的人也不少。最后，只得召集周围各寨老来

雷山招龙

雷山招龙

议榔，其结果是解除了过去远房兄妹不能结婚的限制，并且杀了一只白色的水牯牛来祭告祖先，以求祖先的谅解。这次议榔也称白牛会，实际上也是一次鼓藏节。长老们将祭鼓劈为九块，宣布从此不再共鼓祭祖，分成九鼓（即九个宗支）则可互相联姻亲。各鼓不断迁徙繁衍，后来居住在黔东南各地的苗族，大部分都是这九鼓的后裔。那次议榔，还按照古规栽了榔岩，因此议榔的地方才叫 Dangx Ghed Dlongs Jit（"党果松吉"），意思就是栽岩议榔的地方。"党果松吉"鼓藏节上的议榔，是苗族鼓藏节文化变迁发展的一次重要事件，它标志着鼓社活动由血缘宗族的内部祭祀，逐渐外化为地缘或拟制性宗族祭祀。历史再往前一步，就是贾理法规从家支宗族内部管理，提升到超血缘的地方性结盟议榔，苗族社会也将不断得到有序化的推动。

● 贾理，神圣的苗族法典 ●

2008 年 6 月 7 日，国务院公布第二批国家级非物质文化遗产名录，编号为Ⅰ–76 的"苗族贾理"赫然名列其中。这是苗族贾理这个名词第一次出现在中国官方正式文件上，而且还是在中央人民政府国务院的文件上。苗族贾理是苗族习惯法法典，主要传承于贵州黔东南、黔南和广西桂北苗族地区。贾理是什么？贾理具有哪些表现形式和艺术特征？作为中华民族非物质文化遗产的重要项目，苗族贾理又是怎样代代传承的？要揭开这些层层迷雾，一切还得从头说起。之所以说贾理神圣，这是因为过去掌握贾理者，主要是苗族传统社会精英中的精英——习惯法仲裁长老。要探明贾理的本质，首先要先来看看贾理古经中一则关于贾理起源的拟人化经典传说：

从前，"贾理"住在神秘的日月之所、蛟龙之家，那里曾经是巨神创造人类和鬼神的地方，远不可及、高不可攀，凡人根本到不了。贾理原本是用银绳串着，系在鼓中，悬挂于天宇。一天，一只小野鼠咬断了天宇中那些银绳和拴鼓的鼓绳，随着"嘣哒"一声巨响，贾理掉落到了人世间。那天，两个上山割牛草的苗家小伙子，看见山野一片黑压压的，从天上掉落下来的贾理横挂在山中。他们不知道贾理是

什么东西，认为是碰见了水龙鬼，吓得蹑手蹑脚跑回家，请来名叫香高洛的祭祀大长老卜算凶吉。香高洛到山上仔细查看一番，回来告诉那两个年轻人："那不是鬼呀，那些宝贝是贾理呢。谁碰到贾理，谁就是有福气的人。谁拥有了贾理，谁就会发财致富。"两个年轻人不解地问："贾理是什么东西？看起来挺吓人的。"香高洛说："有人就有纷争，有纷争就必须靠长老来解决。长老用来解决纷争的宝贝，就是贾理了。天上掉下来的那个宝贝，就归你俩了。"两个年轻人迷迷糊糊弄不明白，一听香高洛说，贾理归他们，

雷山西江鼓藏节

连忙摇头表示不要。当时苗家有四位长老，听说贾理已经从天上掉下来了，非常高兴。他们带上一把糯谷穗、一篓糯米饭、一只雄鸭和一罐米酒，兴高采烈地前去迎接贾理。贾理就跟随这四位长老，来到了苗寨。长老们给贾理找地方住，找去找来，最终找到了理想的栖息之所，这就是竹子家。竹子家楼层多，房间也多，太阳晒不会枯叶，风吹雨打不会开裂。竹子住在山上，为了让贾理能够与苗家住在一起，长老们特意将竹子移栽到苗寨的屋脚仓边。贾理从此就跟苗家住在了一起。

　　这个传说揭示了几层含义：第一，贾理是苗族核心文化元素之源。苗族银饰文化之"银"、苗族鼓社文化之"鼓"、苗族贾理文化之"竹"（竹是贾理仪式第一器具），这些都是贵州黔东南、黔南和广西桂北苗族传统社会最基本的文化符号。第二，贾理是习惯法仲裁长老（有的称为理老）掌握的经典，一般人特别是年轻人无法体会其重要和奥妙。第三，贾理的世俗功能就是解决纷争，调解人与人之间的社会关系。第四，贾理产生的时间，在人鬼起源之初，世间鸿蒙之时，这就是苗族对贾理神圣性的认识。贾理原居住在日月之所、蛟龙之家。换句话说，贾理本住在东方天宇，暗示了苗族在迁徙到西南之前，贾理就已经产生。

贾理，苗语叫 jax lil。在苗语语境中，贾理是汉语的哲理、真理、道理、法理等语义的综合。可以说，贾理具有哲学宗教、法理精神和人伦道德三者一体同构的文化特征，是苗族最神圣的精神文化大法典。贾理文化，是贾理法典和贾理仪式以及整个贾理社会生态的文明综合体。当提及贾理文化时，往往是对整个贾理文化空间的泛指。贾经、贾例、贾理、贾师、贾仪等等这些，既说明了贾理文化内容的丰富性和形式的多彩纷呈，又体现了苗族文化遗产的博大精深。

贾经——贾理文化空间中为苗族社会公认的世代传承的贾理经文。贾经包括传统口传文体"贾"的所有经典文本。这种经典文本过去曾汉译为"佳""理词""理辞""古理古词"等，还包括虽然不叫"贾"，但是与其文体、内容和结构相同的"理歌""议榔古经"、神判用的"祭祀古经"（含部分涉及贾例的"祭鼓经"）。艺术上，贾经一般讲究调韵和谐，工整对仗，不泛泛讲空道理，而是由一个或数个贾例典故构成。贾经是苗族社会传统文化精英——贾理长老掌握的古代法律经典，而非世俗普通苗族民众中普及的"百科全书"。

贾例——贾理的经典案例及事例。苗族贾例在清代被朝廷法统认可

贾理的真谛

贾理，苗语叫"jax lil"。在苗语语境中，"贾理"是汉语的哲理、真理、道理、法理等语义的综合。贾理集苗族文学、史学、哲学、法学、语言学、民俗学、自然科学、宗教学等于一身，是苗族社会的哲学经典和制度法典。

榕江摆垭栽岩议榔

榕江摆娅栽岩议榔献牲

榕江摆娅栽岩议榔祭司

后被称为"苗例"。《大清律例》规定，苗疆地区"其一切苗人与苗人自相争讼之事，俱照苗例归结，不必绳以官法"。贾经说"延续则成千古理，传承乃成万古规"，可见贾例是人们世世代代传承的贾理典故。贾师在叙述某一经典贾理事例时，常常这样做开场白："贾例古时已兴起，贾例古时早形成。叙个贾例大家听，诵个贾例众人明。"一个单一的完整贾例，其结构包括起语、典故、警语、结语四个部分。这也是贾理典籍最基本的文体特点。

　　贾师——能够熟练诵唱贾经的贾理文化传承人。贾师，苗语称为"高贾"或"相贾"等。过去苗族社会中从事纷争调解的长老（一般叫仲裁长老或贾理长老）都是贾师，但是贾师并不都是贾理长老。如现在能够诵唱贾经的人，很多已经不再参与当地苗族社会纷争的调解事务。

　　贾仪——贾理仪式，贾理文化空间中所举行的一切重要文化活动的行为过程。贾理仪式包括传承仪式、议榔仪式、贾判（含神判）仪式、贾理神

吟诵古经的台江反排经师

灵的祈禳仪式等。贾理往往是抽象的理念状态，而贾理仪式则是明确的行为表现和行为方式。贾理仪式是贾理文化重要的组成部分，通过仪式将贾理文化生活有序地组织起来，使得苗族传统思想得以继续、传承。因此，贾理仪式在本质上是用来表达和加强苗族社会凝聚力的一种法理途径，也是苗族社会进行教导和道德训诫的一种重要手段。

　　贾理，是传统苗族社会最神圣的文化大法典。大凡苗族社会的一切典章制度诸如鼓社体制、鼓社法典、祭祀仪式、农耕时令、建筑营造等，直至社会生活中的衣食住行、婚丧嫁娶、言谈举止以及个人的伦理道德修养、行为规范等无不包括在贾理之中。

　　贾理文化概括来讲，主要包括三大法理：神理、天理和人理。

　　神理——神理的要义是探究神鬼真谛，其表现是贾理中记载的各个经典神案，其宗旨是晓谕苗族要铭记神道，处理好人与神鬼的关系。经典神案记载了大量的苗族神话，其中

所传达的苗族民族精神，乃是神理中的精华。掌握神理的主要是苗族社会中的祭祀长老。苗族贾理认为，天地与人乃巨神所铸造，所以神理先于天理和人理，处于苗族思想长河的上游。苗族神系鬼谱主要有哪些，苗族神判的内容主要是什么，苗族是如何处理人类与鬼神关系的等这些问题，是贾理要回答的首要问题。贾经中的神理要义，主要体现在"诸神创世""贾理起源""洪水滔天""圣母神蛋""祭鼓古经""神判古经""祈禳古经"等相关篇章中。

天理——天理的主旨是日月之道，其外在是贾理中口传的包括各种各样日月山川案和动物植物案在内的天案，其目的是让苗族知道世界的本源和秩序，调节好人与自然的复杂关系。苗族贾理中天理的精华，乃为苗族的传统天文和历法，以及农耕文明本土知识体系。系统掌握天理的主要是苗族社会中的农事长老以及药师、酿酒师、歌师等。苗族先民是如何认识日月山川起源和运行规律的，苗族的传统天文和历法有哪些特点，如何传承苗族农耕文明本土知识体系等疑难，乃是天理要回答的问题。日月之道等天理要义的解析，主要体现在"铸日造月""历法贾经""年节贾经""启耕贾经""种棉古经"以及一系列关于生物纷争案例的贾例之中。

丹寨苗族祭祀蚩尤与宗族先祖

人理——人理的根

本是人伦之道，其表现是贾理中诵唱的各种传奇人案，其功能是和谐人与人之间的关系。苗族贾理中记载的议榔制度、仲裁制度、经典判例以及优秀仲裁长老身上体现的苗族公正理念、诵唱裁判传统中孕育的民族和谐思想，是贾理中人理的精华。如何传承苗族议榔文化的

苗族斗牛

精华，促进苗族社会文化的生存和发展，保持和发扬民族传统道德等这些问题，是人理中要回答的基本问题。解析人伦之道的人理，主要体现在"议榔古经""部族纷争""婚丧古经""经典贾例"等篇章之中。

　　苗族贾理体现了对人的和谐目标的最大化追求，人与人、人与社会、

苗族斗牛

人与自然的和谐，是贾理中一切社会活动和法理裁决的终极目标。

　　贵州黔东南、黔南和广西桂北苗族社会传统的鼓社制度、长老制度和议榔制度是贾理文化的社会土壤，贾理法典是这种社会生态里盛开的一朵文明奇葩。但是，随着社会的变迁，贾理文化失传现象极其严重。目前，苗族贾理文化抢救和保护还存在诸多问题，还没有建立起一整套行之有效的机制。既然贾理文化是苗族文化的"百科全书"，涉及人文、法理、文艺等诸多方面，那么在抢救和保护过程中，如何运用文化学、民族学、法学、文艺学等各门学科理论来推动贾理的研究和传承，还有许多要做的事情。

● 神秘的神明裁判 ●

在苗族传统文化中，神明裁判乃是其中最神秘和诡异的部分之一。神明裁判的内容与其他苗族文化传统相互交织，颇能体现出贾理文化的本民族特色。苗族对重大的疑难案件，在贾理长老无法仲裁或仲裁不下的情况下，当事人要求助于主宰人间命运的神来判决，就是苗族贾理的神明裁判。这种神判往往也是"最高"和"最后"的裁判。苗族神判的方法主要有神誓、神卜和神裁三种。

神誓——裁决时以当事人共同的诅誓为诉讼证据，举行对神盟誓的仪式。神誓，苗语叫 ghab dliangb，也就是诅咒之义，其本义是"叫鬼神过来"。为什么叫鬼神过来？叫鬼神过来干什么？苗族重承诺，守信义，在处理内外财产关系时，往往以誓状形式进行，誓词是不得违反的，必须严格遵守。清人爱必达《黔南识略》说，苗族以为"背盟不祥，必于鬼怒也，善其信巫鬼之心甚于畏法"。神誓是苗族传统信仰的另一种表现形式。这与苗族的鬼神观、宗教观和追求向善的朴素的心理素质息息相关。理解了这一点，就对苗族社会为什么会用 dail dliangb dib（"鬼打的"）、dail hob neif（"雷神按的"）来咒骂那些违背社会伦理的人了。

神卜——在苗族的贾理活动中有

穿上圣衣的神裁

神明裁判是传统苗族社会矛盾的一种极端表现，也是苗族古老的一种司法活动。神明裁判是早期苗族追求公平、正义的社会行为体现。在古代苗族眼里，神不仅仅是神，还是"公正、公平、正义"的维护者和代言人。神明裁判既使争讼具有神圣的目的，也给法理穿上了神圣的外衣。

油锅捞鱼

多种多样的占卜形式，这些占卜大多是为了查明纠纷根源、判断是非曲直而进行的。这类占卜虽然是由人来操作，但人们都认为其结果是神灵意志的体现。值得注意的是，苗族社会现实生活中尽管很多神判的内容和形式都与占卜有关，但并非所有占卜都属于神判。神卜从使用的法器及牺牲上来分，有竹卜、草卜、米卜、石卜、鞋卜、鸡卜、蛋卜等。

神裁——即是由神灵裁判是非。神裁有烧汤捞斧、烧汤粑、砍鸡头、踩烙铁等种类。其中使用最为普遍的，乃是烧汤捞斧。烧汤捞斧，苗语为 pid taib（"批台"）。吴德坤、吴德杰《苗族理辞》的"序言"中记载了一个真实的神裁故事：清乾隆年间，栋金·觉·柳旁的祖先与剑河县巫亮寨的人因坟地而发生纠纷，贾理长老审理将坟地判给了前者，后者不服告到官府——清江通判那里，仍被判败诉。但后者仍

苗族招龙

不服，双方只好以烧汤捞斧方式进行裁判。后者在那块坟地旁边架起一口大铁锅，盛着大半锅水，锅内放一把斧头，以熊熊大火将锅里的滑皮椰树皮、蜂蜡、牛油煮成糨糊状，然后由对方伸手进锅捞斧头。斧头捞出来后，经过十二个时辰查验，手没有起泡方获胜，坟地归其所有。烧汤捞斧是黔东南苗族地区最常见的一种解决比较大的纠纷的裁判方法。如处理土地山林纠纷以及凶杀、纵火悬而未了的案件，当贾理长老调解不下时，就用烧汤捞斧的办法解决。

从贾理的相关记载研判，贾理活动中神判应该

是苗族社会早期信仰文化的产物。远古时代，社会生产力极端低下，对于一切自然现象和社会现象，苗族先民无法认识其本质并作出科学的解释，一切的一切之因果，皆归结于神鬼。苗族先民与世界各地早期的古老民族一样，都信奉万物有灵，崇拜神鬼，认为神鬼才是天地万物的主宰。因此他们一遇到难以辨别的事情，首先想到的就是冥冥神灵。既然凡间的所有祸福凶吉、扬善惩恶都由神鬼来掌控，神明裁判自然而然就应运而生。

　　既然是神判，就有一系列的神灵左右着整个裁判的过程。按照苗族贾理的描述，这些神灵主要有嘎良嘎兑、蟾蜍神和雷神。嘎良嘎兑是重要的贾理神。据贾理记述，在日月夺妻案烧汤捞斧的裁判中使用的锅和斧系他们所造，所以油锅又叫 wil Ghab Liangx（"嘎良锅"），

斧头又叫 dot Ghab Deit（"嘎兑斧"）。蟾蜍神是与烧汤捞斧神判紧密相关的一种神。苗族认为，蟾蜍亦为圣祖母 12 个蛋所出。在日月夺妻案中，蟾蜍神作为贾理长老，却没有得到应有的待遇，发誓要惩治日月。日食和月食，苗族认为乃是蟾蜍吞食日月所致。按贾理描述，蟾蜍神一般守在锅沿边，它能够辨析是谁违规犯法，触犯者的手之所以烫伤，正是它抓住不放压在油锅底才造成的。蟾蜍神之所以成冤家神，是因为在迁徙时，苗族让它寻找吃饱穿暖的地方，蟾蜍却误把他们引到连一把锄耙都装不下的水牛印迹处。

苗族招龙

苗族招龙

蟾蜍误了大家寻找福地的时间，于是用铁锤捶打它，又用红铁渣倒在它身上，所以才造成蟾蜍身上的斑斑点点。受到冤枉的蟾蜍于是发誓，将来变成正义之神，绝不放过烧汤捞斧中的作恶者。蟾蜍冬季入穴进洞冬眠，次年春季气温回升才出来活动，那时已是风吹雨急，春雷滚滚。所以苗族认为，当蟾蜍神来的时候，雷神风神也随之而至。雷神是主持公正道义的天神。雷神在与人类祖神姜央争夺天下失败后，只好到天上去居住。雷神在天上无所事事，于是便管起人间法理纠纷（ghend diangs）的事务来。雷神处理世间案子，全靠手中的三杆秤。这三杆秤，按苗族史诗的说法是各有分工："一杆专管闹纠纷。二杆放它在西边，去管人们田和地，庄稼地界不乱移。三杆升斗沿边转，升边碗沿绕圈看，谁人进出换升斗，雷公轰隆响头上。"

苗族神判在信仰理念方面，是以宣扬神灵的万能和至高无上为基点的；在裁决的法理意识方面，则是以张扬神判即是最高和最后的判决，当事者必须绝对服从为基本条件。正是由于信仰的威慑力量，古代的神判即使没有大量的诉讼证据，也才不会导致大量冤假错案的产生。神判更加突出了嘎良嘎兑等诸神的地位和作用，使传统信仰在苗族人的思想中世世代代更牢固地扎下根来。神判多多少少总是保留有初民社会一定原始民主平等的成分。神判虽然是初民社会的产物，但它能在封建社会甚至近当代社会中被保存了下来，当然与其中隐含的民主和均等理念不无关联。当发生财产纠纷时，当事双方都毫不例外地面对神判，也就是说他们必须同时接受神的判决。显然，这是初民社会的平等原则在神判法中的体现。

● 巨神的古歌 ●

　　苗族古歌以中部方言传承得最为丰富和系统。苗族中部方言的古歌长达万余行，一开始就把我们带到了远古洪荒时代。它用苗族民歌中盘歌的形式，一问一答，娓娓道来，逐步揭开人类认识自然之谜。

Ob hxid gid hsat denx,	我们看古时，
Gid tid dab xit waix,	哪个生最早，
Dail xid diangl hsat denx,	哪个算最老，
Lol tid dab xit waix,	他来把天开，
Lol xit gangb xit gux?	他来把地造？

　　苗族古歌是这样叙述人类开辟史的：在天地开辟以前，先生下了一批开天辟地的巨神。然后才生下了天地。在巨神看来，刚生下来的天，只像个白色的簸箕那么大；刚生下的地，也只像张黑色的晒席那么大。天地一生下来又都相叠在一起，这时有一个叫做剖帕的巨神，举斧猛一砍，将天地分开；又有一个叫做往吾的巨神，用一口天锅，将天和地煮得圆圆的。但是，天和地很小，巨神们把天抽三抽，把地捏三捏，天地变大，

雷山水寨神柱

龙坟

苗王坟

土地公

从此分开了。然而天地相距太近，大家只能低头坐着，一抬头就要碰着天，这还怎么生活？！这时有一个叫做府方的巨神，他生有八双手臂，力大无比，一下子把天顶起来。这样，风才来回吹，鸟才自由飞，雨才往下降，树才往上长，人在地上住。

"运金运银""打柱撑天"和"铸造日月"是开天辟地的继续。洪荒时代，不仅神是巨神，很多动植物都比现在的样子大几十倍到几百倍。据说，原来天地是由蒿秆加五倍树支撑的，是由府方老人的一只手顶着的。这样天总是支撑不稳，常常垮下来。所以宝公、雄公、且公、当公这些巨人运来金银，打柱撑天。用金银柱撑天当然要比蒿秆、五倍树撑天自然要科学合理得多。巨神们为了战胜自然和困难，团结一致，共同协作，开天辟地，创造万物。在团结协作的同时，巨神们又各司其职，其中养优造山，修狃造江河，火耐老公公击石取火，宝公、雄公铸造太阳、月亮、星星及银河……

苗族古歌与我国各民族神话比较，独具特色的地方是，塑造了一个个个性鲜明的开天辟地的巨神群像。由这样一批巨神开天辟地必然成功，他们成了苗族人民艰苦奋斗、战胜自然的象征。苗族古歌中出现的巨神，有30多位，主要有：

剖帕，苗族古歌中的巨神。"天地创造之初，是紧紧连在一起的，剖帕是好汉，打从东方来，举斧猛一砍，天地两分开。"

往吾，苗族古歌中的巨神。剖帕辟地开天之后，他把天地放在天锅里煮，煮得圆圆的。他的另一个功绩是刨光撑天柱："回头看古时，往吾心肠好，手拿推天刨，来来回回刨。刨得金银柱，人影都看到。"

府方，打柱撑天的巨神。"他脚杆有九节，手臂有八双，能吃九篓鱼，能吃九槽粑，嘴巴咬死马，腰杆硬像钢。"只有这样力大无穷，才能担负起升天、降地的重任。府方不仅开天辟地，还关心人类的繁衍，在《十二个蛋》中，府方就亲手给抱姜央蛋的吉宇鸟砌窝。

养优，是又一位苗族传说中的巨神。他的功绩是多方面的，在最初造山、运金运银中，他骑马追赶金银，并飞起一脚把金银踢下龙潭。当金银运到九节滩，遇到九条蛟龙的阻拦，又是他赶走蛟龙，把金银运上滩。

火耐，这位巨神是火的发明者。他用石互相撞击出红火苗，功绩并不亚于汉族传说中的燧人氏。

宝公、雄公、且公、当公，苗族古歌中铸日造月的四位巨神。他们是一群精通冶炼技术的能手，打造撑天柱、铸造日月的动议最早就是他们提出的。

修狃，江河的创造者。古歌用

挡箭碑

指路碑

家龙祭仪

大量的篇幅来赞美他："修狃黑云生，黑云生修狃，头大如黑云。"《犁东耙西》说："修狃力气大，头上长对角，一撬山崩垮，再撬地陷落，大水滚滚流，到处有江河。"当修狃犁完山岭，耙定平川后，犁杖久置不用，这样犁就变成了理锅（苗族神判的一种用具，即"捞油锅"），耙变成理桌（理老在评理时置放祭物和拍打理片的桌子）。

昌扎，射日的巨神。由于众神的失误，造了十二对日月，晒枯了所有植物，昌扎奉命射掉多余的日月。他爬上不停在生长的马桑树，一口气射下十一对日月。射掉日月回家路上，他见一箭法高于他的少年，因妒恨而张弓把少年射死。但少年是他儿子，因此他在悲悔中死去，一家化为天上的三颗星。

当我们漫游于苗族神异、瑰丽的神话世界时，一位又一位高大无比的巨神，使人倍感惊诧。和古希腊宙斯山上群神相比，苗族古歌的众多巨神更充满人性，他们既是神，又更像人。他们形象栩栩如生，都有高大魁梧的身躯、异乎寻常的力量、顽强的毅力、伟大的气魄和无畏的献身精神，是神和人类英雄的结合体。他们像是生活在常人之中，率领人们从事劳动并工作在最艰苦的地方与人同甘苦共命运，俨然是劳动能手和劳动组织者。他们之间地位平等，没有支配和被支配的关系。苗族古歌中的巨神形象栩栩如生，如今还能深深地打动人们的心扉，原因在哪里呢？最关键一点，就是这些巨神主要是以人的面目出现，没有一般后代天神的那种权势熏心的气息和无边无际的法力。他们给人的印象是出类拔萃的技艺，吞吐山河的气魄，无与伦比的力量。他们是勤劳、智慧、勇敢、毅力和正义的化身，是人间福祉的伟大缔造者！

惊心动魄的史诗画卷

苗族古歌塑造了几十个开天辟地、功绩卓著的巨神形象。这些有血有肉的巨神，地位平等，没有高低贵贱，各自依其所长，铸造日月、创造天地，构成一幅幅惊心动魄的史诗画卷。苗族古歌塑造如此众多、地位平等的巨神形象，在我国各民族神话及创世史诗中，独具特色，绚丽多彩。

● 《苗族史诗》，苗族文化经典性文献 ●

　　"苗族是中国古老的少数民族，也是一个世界性民族。"这是新版《苗族史诗》破题的第一句话。苗族，这样一个世界性民族，如果缺少世界性意义的文化典籍，无疑也是一种世界性的遗憾。贵州民族出版社最近出版的苗汉英三文对照版《苗族史诗》，可谓是苗族文化史上一个标志性经典文献，它既填补了中国苗族古代典籍多语对照译本的空白，又为逐渐成为国际显学的苗族古歌学搭建了一座文化交流的桥梁。

　　吴一文（Wenf Jenb）博士是苗族文化史研究的新秀，新版《苗族史诗》就是他和他父亲今旦（Jenb Dangk）、姐姐吴一方（Bangx Jenb）以及美国人马克·本德尔（Mark Bender）、葛融（Levi Gibbs）的最新学术成果。新版《苗族史诗》是苗族古歌学研究瓜熟蒂落的一个历史必然。早在上世纪 50 年代，今旦等人翻译的苗族古歌部分篇章就

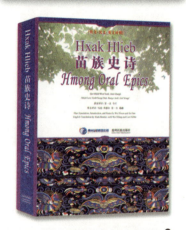

形象化的文史百科

　　苗族史诗是苗族民间叙事长诗中规模比较宏大的古老作品，主要叙述苗族有关天地形成、人类起源、民族迁徙、民族战争和民族英雄的光辉业绩等。苗族史诗是形象化的苗族古代历史和百科全书。苗族史诗不仅仅是文学名著，更是厚重的历史典籍，是珍贵的苗族文化遗产。

《苗族史诗》封面

在《民间文学》上刊发。1983 年，今旦与马学良合译的汉文版《苗族史诗》在北京出版。1985 年起，美国学者开始与今旦合作研究苗族古歌。2006 年，马克·本德尔翻译的英文版在美国出版。纵向比较，新版《苗族史诗》的最大特点，不仅是第一次把原版苗文公开出版，也不仅是汉文和英文重新翻译，而是把吴一文博士主持的国家社科基金课题《苗族古歌通解》的成果纳入书中，这才是苗汉英三文对照版《苗族史诗》最大的亮点。吴一文博士虽然年轻，但治学态度严谨，很有自己独到之处。很多学者读了这本书，一是感到书中的通解集注非常重视关键性民族文化词语的勾勒和训释，注释中做到古代汉文献与苗族口传经

雷山马道祭蛙龙

典文献并举；二是在民族文化史观上格外重视民族史进程与文化的关系，在史识上追求通识通解；三是在民族文化史料的运用上，穷搜旁通，以诗证史、诗史互证，行文中熔史才、诗笔、议论于一炉，很有一些陈寅恪"史魂"研究的风范。

中国苗学研究在国际上方兴未艾，苗族古歌学研究也正逐渐成为国际显学。《苗族史诗》是苗族古歌经典中权威性文献之一。除了《苗族史诗》外，比较优秀的苗族古歌版本还有：

第一，贵州民族出版社
1993年出版的燕宝整理译注《苗
族古歌》，系国家民族事务委员
会民族古籍整理办公室（即全国
少数民族古籍整理研究室）规划
的"七五"重点出版项目，全书
分为《创造宇宙》《枫木生人》
《浩劫复生》《沿河西迁》四大
部分，译文为七言体，苗汉文对
照，共10 000多行，对研究苗族
历史文化有重要参考价值。

雷山马道祭犀牛龙

第二，贵州大学出版社
2008年出版的《王安江版苗族
古歌》，由苗族歌师王安江穷其
一生，收集整理苗族古歌12部
翻译而成，苗汉对照，共上下两
卷，1 500多页270万字。出版
社邀请多名贵州省苗学会著名专
家学者对作品进行详细校注。该
书还附录了王安江诵唱的全本音
频和剪辑视频片段，这在苗族古
歌出版历史上还是首次。

第三，铜仁地区民族事务委
员会古籍整理办公室主编的《武
陵苗族古歌》，贵州民族出版社
1994年出版，流传在湘西方言
地区。该书除了收录真正意义上
的创世史诗《板东辰》外，还收

歌师王安江和他采集的古歌歌本

录了《天灵相公》《六月六》《石
柳邓》《阿贵与雅莲》等英雄史诗。这些古歌歌颂了与恶势力作斗争
的各类英雄。

第四，1995年贵州民族出版社出版的《祭魂曲——清镇市苗族指

路歌》也属于苗族古歌的范畴。《祭魂曲》共分两部,第一部"喂鸡",叙述"指路鸡"的来历,从而追溯到天地和人类来源的神话以及祖先开基立业、被迫迁徙的历史。第二部"上路",是祭师诵祭词给亡人指路,引导亡人的灵魂沿着祖先迁徙的路线到祖先发祥地,同祖先住在一起。这实际是以倒叙的方式叙述祖先迁徙的历史。这是苗族的又一部创世及创业史诗,具有多学科价值。

● 《亚鲁王》,21 世纪中国史诗界的新热点 ●

　　有媒体报道,21 世纪的某一天,人们才发现了苗族史诗《亚鲁王》。这则报道明显有误。中国社会科学院民族文学研究所学者指出,相似的史诗传说在苗族西部方言区广泛流传,而且已经有了不少的资料。这些资料主要收集在:1999 年巴蜀书社出版的《四川苗族古歌》,1996 年贵州民族出版社出版的《蚩尤研究资料选》,1998 年贵州民族出版社出版的中国苗族文学丛书《西部民间文学作品选(2)》,2006 年云南民族出版社出版的《文山苗族民间文学集》,2008 年贵州民族出版社的中国苗族文学丛书《西部民间文学作品选(1)》。

　　2010 年 5 月 18 日,文化部公布了第三批国家级非物质文化遗产名录推荐项目名单。由紫云苗族布依族自治县申报的"亚鲁王",列入民间文学项目类别的非物质文化遗产名录。苗族英雄史诗《亚鲁王》2012 年 2 月由中华书局出版,2 月 21 日由中国民间文艺家协会主办的

近几年出版的苗族书籍封面展示

《亚鲁王》出版成果发布会在北京人民大会堂举行。

祭尤

"亚鲁"与"杨鲁""牙鲁"是同一个人，"亚""杨""牙"是人名，而"鲁"是祖先的意思。2009 年在贵州紫云苗族布依族自治县发现的《亚鲁王》英雄史诗有 26 000 行，是极为完整的传唱。《亚鲁王》描述到，苗族部落在 2 000 多年前的先秦时期曾经生活在东方。在部族战争中，亚鲁王带领苗族进行了悲壮惨烈的征战，失败后又艰难迁徙到贵州高原。亚鲁王是这支苗族的第 18 代王，是一个具有神性的苗族首领。

雷山养朵招龙撒米

他从小以商人的身份被派到其他部落去接受一个苗王所应当具备的各种技艺和文化，逐渐成长为一个精通巫术及所蕴含的天文地理、冶炼等知识的奇人。在生活上，他享有普通苗族不可能享有的王族待遇，他有 7 个妻子和几十个儿子，而其中的 14 个儿子都继承了他的骁勇并与他一样毕生征战。这种描述，是历史上没有文字的苗族对自己历史最忠实的记录。史诗涉及 400 余个古苗语地名，20 余个古战场。它保留了大量在如今苗语中已经消失的古词古语，是最珍贵、活在苗族人民心中的历史。

传载亚鲁圣迹的口传文本民间叫《砍马经》或《砍马词》，其骨干经文与其他地方苗族诵唱亚鲁圣迹内容的《引路经》大同小异。操

复合型史诗

　　《亚鲁王》是典型的口传史诗，也是一部复合型的史诗，具有创世、迁徙、英雄多种史诗类型，具有翔实生动的叙事性，是西部苗族历史的诗化，也是西部苗族诗性的历史。毫无疑问，《亚鲁王》凝聚着的民族性格和精神，是值得中华民族为之骄傲的文化象征和人类文明的丰碑。

麻山次方言的苗族，老人死后一般停尸于家中三至九天不等，出殡前一天举行一种叫"做客"的砍马祭仪，若死者系女性由外家砍，系男性则由其姐家或妹家砍。苗族之兴砍马，民国《贵州通志·土民志》引《归化访册》说，青苗"又重砍马之礼，葬之前日，亲友毕至，缚马于杙，死者之婿执刀绕数匝斫之，再数匝又斫之，如是数十次，割马首下分饷亲眷，曰死者有马乘矣。今多易斫为杀者"。现在操麻山次方言的苗族仍兴砍马，其法与史载大同小异。

　　祭祀长老，苗语称为"东郎"（当地汉语俗称"魔公"）。在祭仪上诵唱的祭仪古经，当地汉语称为"砍马经"或"砍马词"。祭祀长老大声诵唱"砍马经"时，一般头戴斗笠，脚踩锄头，肩扛苗刀，手持竹杖。"砍马经"内容是讲述死者生平、家族迁徙史，指引亡人上天的路。这个仪式过程，也就是祭祀长老给亡灵"引路"到祖宗之地的过程，因而所诵唱的祭仪古经也叫"指路经"。祭献亡灵的大牲畜，

榕江九董苗侗共祭

死者在生前可以预作安排，想要水牛、黄牛或马都行，儿孙们肯定会遂其心愿。因而这个祭仪一些地方也称"敲牛祭祖"。

《砍马经》是一部比较神圣的苗族祭祀古经，而不是一部世俗化的文学吟咏。它的文本内容是比较庞杂和神秘的，亚鲁及其家族的圣迹只是这部经典的枝叶，体现在其中的苗族信仰理念和人文哲学，才是它的根和干。如果过分注重其文学色彩，而剔除其中抽象的所谓"迷信"篇章和片段，删除没有故事化的经文句式，则这种所谓的文学文本在文献学上的价值将会大打折扣。这就如将《先知书》《诗篇》《箴言》等没有故事性的篇章从犹太人的圣典《旧约》中删除，然后改名《亚当王》史诗或《亚伯拉罕王》史诗一样。这样的"新发现"无异于非物质文化遗产的新灾难。

著名文学人类学家叶舒宪指出，作为口传文化活态形式的《亚鲁王》，是用于丧葬仪礼的特殊场合，不应简单理解为现代意义上的"文学艺术"。套用现代人熟悉的"史诗"一名，是一种约定俗成的方便和习惯，但对于研究者而言，需要有超越现代名称的符号遮蔽而透视仪式讲唱真实语境的自觉意识和洞察能力。为此，文化人类学有关仪式与神话关系的研究视角，足以补充现代性的纯文学视角之缺失。

● 一笙三鼓话苗舞 ●

苗族的舞蹈种类繁多，总的说来皆与芦笙和木鼓、皮鼓、铜鼓等乐器配合，故有人把苗舞的特色概括为"一笙三鼓"。

"一人吹瓢笙，数十辈联袂宛转而舞。"芦笙舞是苗族最有代表性的舞蹈，在贵州各地的苗族中广泛流传，而且舞蹈的种类很多，构成了一个庞大的民间舞系。著名音乐家郑律成这样评价："不仅舞蹈好，音乐也好，我认为苗族的芦笙音乐是一种相当完美的音乐艺术。特别是全套的芦笙音乐，非常动听，它的音程、音量、音色都相当完整，低音芦笙的声音像雷鸣，多么打动人心！小芦笙的声音清脆悦耳，多么天真可爱！我觉得苗族的芦笙音乐比管风琴还要好听。"

有些史学家说，绝大多数原始民族都使用鼓，以鼓指挥歌舞，为歌舞伴奏。苗族"一笙三鼓"，其笙出现的时间可能比鼓稍晚一些。

苗族芦笙舞

实际上，也可能恰恰相反，芦笙在苗族各个方言和支系的古歌中都有反映。苗族对芦笙的称谓，在各个方言和支系中几乎同音同调，东部苗语称 ghax，中部苗语称 gix，西部苗语称 ghenx，说明这个词汇是古苗语的基本词汇。芦笙应是苗族最早创造和使用的乐器之一，历史上曾是苗族全民族性的一种文化标志。遗憾的是东部苗族地区在清乾嘉起义后，清廷对东部苗族芦笙进行了灭绝性的摧毁，导致东部苗族芦笙文化的失传。在松桃苗族中，芦笙只能作为一个遥远的美好记忆保存在屈指可数的老辈人心头了。

　　说到芦笙舞，民间传说故事还不少。黔东南苗族有个古老的传说：

　　从前人间没有年节，也没有芦笙，人们感到非常寂寞。创世之神固迪邀大家来商量，请蝉到天上要年来过，拿芦笙来吹。蝉两次上天，学会了芦笙曲，并仔细观察了芦笙的结构。固迪让手艺最巧的匠人，按蝉说的样式，造成了人间第一支芦笙。

还有一个神话这样说：

在很早很早以前，天上有9个太阳，晒得大地龟裂，五谷不长，人们没吃没喝，都快活不下去了。人们便找来一位大力士，用弓箭射下8个太阳，最后一个太阳被吓跑了。这时候天昏地暗，五谷还是不能生长，人们还是无法生活。人们又找来一位富有智慧的人，请他把剩下的一个太阳请出来。这个人便砍了一些竹子，做了一支芦笙，吹奏起美妙动听的曲调来。太阳被美妙动听的音乐所感动，就跑了出来，人们又重新见到了光明。人们害怕太阳再跑，就一直不停地吹奏芦笙，从此地里长出了庄稼，老百姓有吃有穿，芦笙也被一代一代地传了下来。

芦笙舞最具代表性的是芦笙集体舞。芦笙集体舞有芦笙排舞、芦笙圆舞、芦笙四方舞、芦笙导舞、芦笙群舞、芦笙芒筒舞、芦笙鼓舞等。这些舞种历史悠久，传承性强，普及面大，参加活动的人多，保留着许多原始古朴的特征，并注重节奏感，强调步伐整齐，成百上千人在一起也有惊人的一致，表现出一种排山倒海的气势。芦笙集体舞属于竞技性的，有芦笙双人舞、芦笙三人舞和芦笙四人舞，舞蹈者相互配合，互相比赛，

轰动欧洲的苗舞

1988年，黔东南民族歌舞团参加奥地利世界民间艺术节，出访西欧。苗族《三鼓一笙》（即木鼓、皮鼓、铜鼓和芦笙）节目的演出，备受外国观众欢迎，一时轰动欧洲。用芦笙演奏的意大利民歌《桑塔露西亚》《四小天鹅》，更令外国观众惊叹不已。

苗族芦笙舞

舞目繁多，如滚山珠、斗鸡舞、斗牛舞、打角舞、三滴水、四滴水等。苗族芦笙舞《滚山珠》，是流传于纳雍县猪场苗族彝族乡的芦笙舞蹈之一，集芦笙吹奏、舞蹈表演、杂技艺术为一体，堪称一颗璀璨的高原明珠。1991年，在广西壮族自治区南宁市举办的全国少数民族传统体育运动会上获艺术表演金杯奖。1992年，在波兰捧得世界民族民间艺术节最高奖——"金山杖"奖。2006年5月，《滚山珠》被列入国家级非物质文化遗产名录。2011年，《滚山珠·给拖裹》获第十届中国民间艺术节"山花奖"。

································●
松桃花鼓舞

木鼓舞，当为苗族鼓舞"三鼓"之首。木鼓舞在很早以前是用来祭祀祖先的，黔东南苗族每12年过一次的鼓藏节，才能击鼓跳舞。如今雷公山地区很多苗族古村落仍沿袭这祭祀性舞蹈，起舞时由击鼓者两手各拿一小节击鼓棒分别在鼓腰和鼓面相互协调打击，使木鼓发出"咚、咚、咚、咚咔、咚咔、咚咚咔"等多种富有节奏而又浑厚坚实的鼓点，舞者踩着鼓点进行舞蹈。已列入国家非物质文化遗产名录的反排木鼓舞，就是流传于台江县方召乡反排村的一种世代相传的苗族祭祀舞蹈。反排木鼓舞分为五个章节，以激越的鼓点为主节奏，由踏步、腾越、翻越、甩同边手等基本动作构成。过去木鼓舞只能在每12年一次的祭祖节跳，在庄严肃穆的仪式中进行，现已演变为用于健身的民族性舞蹈。贵州各地的木鼓舞总的来说主要有两类：一类是边击鼓边舞蹈如年鼓舞、夜乐舞、丧礼鼓舞、散花舞等，另一类是击鼓伴舞如踩鼓舞、木鼓舞、马刀舞、角鼓舞等。

皮鼓舞有大鼓舞和小鼓舞之分，舞目颇多。花鼓舞是苗族皮鼓舞的杰出舞蹈，主要流传于铜仁市松桃苗族自治县正大乡及其周边地区，有神鼓、年鼓、战鼓、情鼓、迎宾鼓、拦路鼓、叙事鼓等80余个鼓舞类型120多个动作套路，击鼓者自击自舞，众击众舞。四面鼓，是花鼓舞的舞中之舞，表演人数最少 30 人，场面气势磅礴，蔚为壮观。松桃苗族自治县正大乡瓦窑村是花鼓艺术的发源地，历史悠久、保存完好，具有很高的研究价值和欣赏价值。1994 年，松桃苗族自治县正大乡被贵州省文化厅命名为"苗族花鼓艺术之乡"。松桃苗族自治县的花鼓舞有两面鼓和四面鼓两种。两面鼓一般置于支架上，一人敲打鼓帮把握节奏。四面鼓则需要四个人配合对打。姑娘小伙子身着鲜艳的民族服饰，手持鼓槌，边唱边跳，鼓声抑扬顿挫，鼓槌上的飘带上下翻飞，再加上表演者轻盈的身姿、不断变换的队形，看得人眼花缭乱。四面鼓优秀舞蹈《鼓之源》在 2009 第九届中国民间鼓舞鼓乐大赛中获得了中国民间文艺最高奖"山花奖"。

铜鼓舞则主要流行于黔东南和黔南部分苗族地区。2009 年，雷山苗族铜鼓舞被列入第二批国家级非物质文化遗产名录。苗族铜鼓舞是苗族群众农闲时在寨子内的大坪坝上跳的一种舞蹈，参加铜鼓舞的苗族群众随着铜鼓敲击的节奏翩翩起舞，舞姿粗犷激越，步伐豪迈奔放，跳转结合，古朴热烈，独具一格。其舞姿变化较大，时而娇柔优美，时而刚健雄劲，舞步舒缓自如，神情豁达展畅，给人以力的欣赏和美的享受。据史载，苗族三大方言历史上都有丰富的铜鼓文化，铜鼓舞是苗族舞蹈传世的罕见之宝。

● 为何苗族不说"过节"而说"吃节" ●

苗族的节庆，往往都有一"吃"字，如吃新节、吃灰节、吃丑节、吃卯节等。姊妹节，苗族叫吃姊妹饭；龙舟节，苗族叫吃龙；苗年节，苗族叫吃年；鼓藏节，苗族叫吃鼓藏。

迎客

敬酒

拦寨酒

拦门酒

　　节庆，为何苗族不说"过节"而说"吃节"。有学者解释说，苗族人民称自己的年为"吃年"，意思是说这一年被大家吃掉了，过去了。这个解释显然是说不通的。有一些节日表象上看似乎勉强说得通，如吃新节上要吃新米或新谷穗。但是绝大多数节庆照此解释，则牛头不对马嘴。鼓藏节，也叫"吃鼓"，实际上也没有看到一丁点"吃鼓"的现象。苗族学者吴一文的分析很有道理。他说，鼓藏节为 Nongx Jangd、Nongx Niel 或 Nongx Jangd Niel。其中的 nongx 原意为吃，niel 意为鼓，故旧译为"吃鼓藏"，这是意译加音译。吃与鼓即 nongx 和 niel 之意译，藏为

jangd 之音译。后来有人附会用水牯牛内脏祭祖，译为"吃牯脏"或"吃牯桩"，与苗语原意相去甚远，是不正确的。"吃"显然也是直译，实际意义相当于"过"，如过年过节，苗语为 nongx niangx nongx dongd，直译为"吃年吃节"。不过，已经约定俗成，由来已久，称"吃鼓藏"未尝不可。近年有人分别把"鼓藏"和"吃鼓藏"意译为"鼓社"和"过鼓社节"，比旧译较为准确。

百节之乡

　　各地苗族节日并不完全相同，即使同一节日，在时间上也有先后。苗族较大的节日有苗年、四月八、鼓藏节、吃新节、踩花山等。隔山不同风，隔河不同俗。复杂众多的部族支系使得苗族的节日文化丰富多彩，苗族地区也就有了"百节之乡"的桂冠。

　　苗族清水江流域的龙舟节，苗语叫 Nongx Vongx Nangl（"吃水龙"），是不是苗族要把龙吃掉呢？关于龙舟节的来历，施秉、台江一带苗族有几种不同的传说。其中，流传较广的是阿保烧老龙的传说。相传古时有个名叫阿保的苗族，家住台江

姊妹饭和红鸡蛋

小江边的老屯，生下独子名叫九保。一天，九保不幸被龙拖进了龙洞。阿保为了替儿子报仇，潜入龙洞，用火将睡着的老龙烧死，再把它宰成好几段。龙烧死后，被水冲到洞外，清水江边各寨的苗族先后跑去抢龙肉。胜秉的人抢得龙头，平寨的人抢得龙颈，龙塘的人抢得龙身，榕山的人抢得龙腰，廖洞的人去迟了，只抢得龙尾。所以划龙舟的日期，就按这个顺序排下去。当然，吃恶龙道理上讲得通。由此而继续推理，则善龙是不能吃的。可是苗族家族性的招龙节，也叫 Nongx Vangx Diongl（"吃山龙"）。Vangx diongl（山龙）是山川龙的指代，汉语没有对应的词汇可翻译，但这是一种保护村落以及阴阳之宅的善龙。如果招龙

长桌宴

节也是要把这种龙吃掉，显然是完全违背了这个特殊节庆的意义。这个节庆目的是把山川之龙招引齐聚村寨保佑大家，而不是让大家把这些庇佑世人的善龙吃掉。

　　苗族节庆的汉译称呼，实际上是一种语义误读的结果。黔东南苗语的nongx（"吃"）一词，其引申义是"祭祀"的意思。鼓藏节，叫 Nongx Niel（"吃鼓"），直译就是"吃鼓节"，意译当为"祭鼓节"。端午节，苗语叫"吃端"，直译就是"吃端节"，意译就是"祭端节"。这有些像韩国和日本，他们把端午节叫"端午祭"。有些人望文生义，认为日、韩民族是重视祭祀的国家，一年到头大大小小的祭祀还不少。这实际也是一种误读，日、韩的"新年祭"就跟苗族的"吃年"一样，准确的汉语翻译都应该为"年节"才对。由此，对黔东南苗族主要的节庆名称梳理如下：

苗语名称	直 译	引 申	意 译
Nongx Niel	吃鼓	祭鼓节	鼓藏节
Nongx Niangx	吃年	祭年节	苗年节
Nongx Niangx Diel	吃汉年	汉年祭祖节	春节
Nongx Vongx Nangl	吃水龙	祭水龙节	龙舟节
Nongx Gad Hvib	吃新米	新米祭祖节	吃新节
Nongx Niangx Dliangb	吃神年	祭神灵年节	清明节

　　苗族的节庆，实际上就是从对天地山川之神、祖宗之神和季节之神等的祭祀演绎而来的。和很多民族不同的是，苗族在祭仪上主祭者和陪祭者必须陪同请来受祭的诸神共同享用祭品，与神同吃。神也与人一样，希望大家同吃同喝同乐。因此苗族的年节很突出"与神同吃"这个祭仪过程，在具体的祭仪过程中，请多少个神灵来，就必须有多少个具体的陪祭人员陪同，一人陪一神。仔细观察，祭仪中有几份祭品，一般就是祭祀几个神灵，主要的陪祭人员一般都跟祭品的数目相同，神灵先享用，陪祭人员才跟着享用。所以，苗族的节庆，就是一种陪祖灵和诸神同吃同喝的娱神娱人的文化。

长桌宴

YINSHANG

银裳

YUYI

羽衣

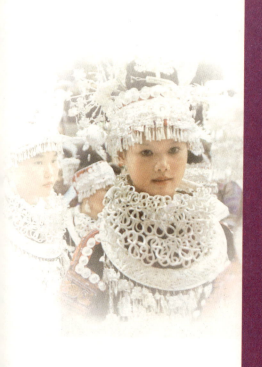

● 明代以前苗族是否有银饰 ●

　　苗族古歌，很早就提到金、银、铜、铁、钢、锡、铅及一些合金。古歌中还用大幅篇章介绍了探矿、采矿、冶炼、金属性能、金属用途等相关知识，可以说苗族古代就较为系统地掌握了冶金技术。据记载，苗族始祖蚩尤最先发明了金属兵器。汉代的《龙鱼河图》说："黄帝摄政前，有蚩尤兄弟八十一人，并兽身人语，铜头铁额，食沙石子，造立兵杖刀戟大弩，威震天下。诛杀无道，不仁不慈。"

　　可见，冶炼是苗族一门古老的科学技术，对苗族的文明进步与发展曾起到过重大的推动作用，虽然后来在辗转的迁徙活动中丢失了，但苗族至今仍保持着对金属工具的加工与使用，尤其是制作银饰品、铜器物以及制造苗刀、苗枪，其手工艺术十分精湛。

　　"明代以前苗族没有银饰。"这是很长一段时间流行的观点。2000年文物出版社出版的《苗族银饰》就认为："苗族银饰出现于明代，流行于清代，至20世纪80年代达到一个高潮。"2010年出版的另一个版本《苗族银饰》还认为："通过对古籍的筛查和对苗族老人的访谈，都没有发现在明朝以前有过苗族的银匠出现。""苗族银饰大约出现在400年前，而在施洞、丹江、西江一带苗族银饰最丰盛的地方，苗族银匠的出现是在100多年前。"如果认真梳理文献记载，就会发现这一判断值得商榷。

　　唐代刘禹锡有首著名的《竹枝词》："山上层层桃李花，云间烟火是人家。银钏金钗来负水，长刀短笠去烧畲。"这首词再现了荆楚地区苗族等山民刀耕火种的生活图景，同时也展现了他们衣饰的特征，即女子"银钏金钗"，男人"长刀短笠"。

　　《旧唐书·南蛮·西南蛮传》记载："东谢蛮，其地在黔州之西数百里……贞观三年，元深入朝，冠乌熊皮冠，若今之髦头，以金银络额，身披毛帔，韦皮行滕而著履。""金银络额"，描述了东谢蛮有使用银饰习俗。东谢蛮属地在雷公山以南的都柳江流域，汉代以前苗族就早迁徙到这一地区居住。

　　宋代《溪蛮丛笑》记载，苗族等

苗族银饰

苗族银饰

少数民族制作了一种叫"银鹁鸠"的酒具，每当接待贵客，才拿出来使用——"每聚饮，盛列以夸客。""银鹁鸠"既是一种酒仪用具，也是主人财富的象征。

宋代洪迈《容斋随笔·渠阳蛮俗》载："靖州之地……其风俗复与中州异。蛮酋自称曰官，谓其所部之长曰都幪，邦人称之曰土官。酋官入郭，则加冠巾，余皆椎髻，能者则以白练布缠之，曾杀人者谓之能。妇人徒跣，不识鞋履，以银、锡或竹为钗，其长尺有咫。通以班绸布为之裳。"

明代以后有关苗族使用银饰的记录就更多了。仅仅从唐宋时期的零星汉文献记载，就知道苗族早在明代以前就有铸造和使用银饰的历史。有关"明代以前苗族没有银饰"的判断明显是失误的。

可以说，苗族的银饰技艺和应用历史是一个不间断的传承过程。远古时，三苗族系，部落众多，一直活动在长江中游和汉水流域。由于道德观念、装束风俗、原始信仰和图腾崇拜与中原夏人相异，"禹征三苗"后，苗族迅速逃匿于汉水两岸。当代中原学者甚至认为，正是这些苗族将银饰带入了汉水流域，而后又进入五溪地区。如今苗族的三大方言，都遗存有使用银饰的习俗，特别以黔东南雷公山腹地的雷山、台江、剑河、榕江、凯里等地最为突出。这一地区的苗族历史上主要由洞庭湖南下，后由东向西进入湘桂边区，再从桂北逆都柳江进入黔东南地区。正是这一特殊的迁徙线路，给苗族用银习俗提供了充足的材料保障。都柳江流域以南的桂北地区，从南丹经河池到柳州一线，有色金属矿藏十分丰富，唐宋以来就广为开采。明代以前，黔东南苗族正是经水上通道都柳江，通过木材交易以及苗船源源不断地运出桐油、药材和土特产，换取苗族社会特需用品银锭。苗族社会自足自给经济以及山货换取的银饰材料的大量储存，是苗族银饰技艺传承下来的基本保障。

苗族银饰制作的主要工具有风箱、坩埚、锤子、钳子、砧铁、剪刀等。风箱外形较小，用活塞挤压出风。银饰制作工艺有熔、炼、锻、拉、凿、镀、刻、铸、压、磨、扭等。制作的程序分为几个阶段：首先将银子放入坩埚，在炭火上加热。当熔化成液后，根据需要注入大小长短不同的石制银槽中。变冷凝固后，倒出来放在铁墩上，用铁锤捶打成银片或银条，然后才开始造型。造型工艺为拉丝、压型、剪花等。拉丝是根据所需银丝的大小及形状，在拉丝板上选择适当的孔，将银条的一端放进拉丝孔中，用铁钳夹住银条从孔中拉出，与孔形粗细相当的银丝就做成了。压型是将银片夹在所需银花样式模具中压紧，用铁锤捶出模型上的花纹。这种花纹经过细致的雕刻和磨洗后，显得十分精细美观。剪花也属造型方法的一种。首先将打成的银片剪成各式的花样，然后进行雕刻。雕刻时，将银片固定，根据需要选用不同齿的小錾子，敲打成各种与小錾子齿一样的花。这些花有圆的、半圆的等多种式样。雕刻完毕，还要将银丝、银片、银花用牛胶黏合起来，放在装有明矾水的铜锅里煮，然后用铜刷刷洗干净。这样一件雪白的银饰品就做出来了。

苗族银饰

黔东南是贵州苗族银饰最为丰富和集中的地区。雷山县西江镇的控拜、麻料、乌高，与之相邻的台江县施洞镇的塘龙、排羊乡的久摆等都是著名的银匠村，银匠艺人达数百人之多。黔东南苗族银饰，无论从种类的繁多，图案纹样的丰富以及制

作工艺的精致来说，都堪称中国民族银饰中的精品。黔东南苗族银饰因地域的差别而风格迥异，各具特色，又由于银匠的流动，各地的银饰又有许多风格相似的地方。

2006年，苗族银饰锻造技艺被列入国家级非物质文化遗产保护名录。2007年，杨光宾成为苗族银饰制作文化遗产项目代表性传承人，并被列入第一批国家级非物质文化遗产项目代表性传承人名单。杨光宾，1963年出生于贵州省雷山县西江镇控拜村的银匠世家，是家族的第五代传人。控拜村的银匠一般都是子承父业，世代相袭，手艺极少外传。杨光宾对自己的手艺却从不保留，从艺30多年来培育了30多个徒弟。

苗族银饰

● 苗绣从哪里来 ●

苗绣

刺绣研究学界，曾普遍流行一种说法：苗绣是从古代濮人的"雕题文身"发展而来的。连《艺苑奇葩——苗族刺绣艺术解读》（全国艺术科学"十五"规划课题）都说："苗族刺绣艺术，最初与古代少数民族'蛮夷'雕题文身习俗不无关系。"无论从古代民族关系史或刺绣艺术发展史来说，这个说法都只是一种假设，值得认真辨析的。

苗绣绣法很多，有平绣、挑绣、锁绣、辫绣、凸绣、蚕锦绣、皮金绣、堆花、绉绣、缠绣、抽花等，各地区的绣法各具特色。一些绣法如锁绣的

苗绣的特点

苗绣，可堪与中国四大名绣——蜀绣、苏绣、粤绣、湘绣比美的民族刺绣。苗绣最大特点是善于在头巾、袖口、袖套、衣领、后肩、裤脚、裙腰、腿套等处装饰，花草虫鱼图案丰富，色彩浓丽，对比强烈，具有强烈的民族特色。

苗绣

历史非常古老，在苗族古代活动过区域的考古发现，锁绣应滥觞于中原和北方，是苗族从中原和北方把这一古老的刺绣技法带到南方并一直保留下来。我国发现最早的刺绣是锁绣——由绣线环圈锁套而成的一种刺绣方法。河南安阳殷墟妇好墓出土的铜觯上就黏有锁绣针织品的痕迹。陕西宝鸡茹家庄周墓曾出土了单和双列的绣纹卷草花绣。湖南长沙左家塘楚墓、广济桥楚墓，湖北江陵马山一号楚墓、望山楚墓都出土过精美的龙纹、凤纹、动物纹、几何纹刺绣。这些文物都能见到锁绣这种古老绣法使用的痕迹。妇好墓锁绣绣迹是迄今为止发现的时代最早的刺绣痕迹，说明中国刺绣最早的针法是锁绣。长沙马王堆出土衣物中的朵朵云纹，也是用锁绣绣成的。不过如今的中原大地，已较少见到这种技法的踪迹。可是在苗族地区，锁绣还是比较常见的一种绣法。

　　《后汉书》《搜神记》等古籍记载，苗族先民盘瓠子孙"织绩木皮，染以草实。好五色衣服，裁制皆有尾形"。苗族古歌等口传文献也认为，今天的苗绣是古代苗族迁徙的文化遗存。古代苗族大迁徙，不仅有经济的大转移，而且也有科技文化的大转移。经济的大转移有金银、种子、耕牛、农具等的运送。科技文化的大转移有纺织、刺绣、芦笙以及水车、梯田修造技术等。苗族古歌中的"姑姑叫嫂嫂，莫忘带针线；嫂嫂叫姑姑，莫忘带剪花"，就是苗族刺绣文化迁移的历史写照。不可否认，苗族迁徙到

南方后，与濮越民族集团产生了
广泛的民族文化交流和交融，但
是其刺绣的主要技法应该是从中
原带来的。

　　黔东南苗族一则刺绣传说，
也说苗绣是苗族先民从中原和北
方带到南方来的。故事说，苗家
原先是住在黄河流域的"呑汜呑
裒"一带。由于连年遭受灾害，
日子渐渐苦了起来。告肉、告刚、
告雄、告优、告且、告右和告勤
七位长老看到这些情景，商量后
决定迁往南方居住。七位长老要
大家带上五谷种子，和一些生产
生活用具。但是，子孙舍不得那
些带不走的田园和花鸟虫鱼。怎
么办呢？七位长老又商量一阵，
说："阿巧姑娘心灵手巧，叫她
想办法，把带不走的好东西包
走。"后来，阿巧姑娘得到天上
仙女的启示和帮助，用五彩线把
虫鸟花草树等都活灵活现地绣在
一块宽布上，然后交给七位长老。
七位长老又惊又喜："这个办法
好极啦！"于是，大家就珍惜地
捧着那张刺绣，前呼后拥向南方
迁移。来到南方以后，七位长老
把这张美丽的刺绣剪成七块，一
位长老一块，各自带着一支，分
别住在七个地方，相约吃鼓藏时
再来聚会欢庆。苗家姑娘由于得
到仙女的指点，刺绣水平很高，

苗绣

才绣出了许多又新鲜又美丽的图案来。

　　苗族各地刺绣风格差异很大，几乎每个支系、每个村寨都有各自的特点。

　　雷山型苗绣——主要分布在雷山和凯里的巴拉河流域一带，技法丰富，色彩鲜活，常用的有辫绣、盘绣、结绣、皱绣等，主要装饰于女子的肩袖、领襟、围腰、布鞋等部位，以龙、鸟、蝶、蝙蝠、鱼、桃、石榴、花、葫芦等动植物变形纹样居多。龙纹在雷山型苗绣纹样中比例很大，变形丰富，有飞龙、花叶龙、蚕龙、双头双身龙、双头连体龙等。

　　施洞型苗绣——主要分布在清水江沿岸的台江、施秉等地，风格神秘细致，主要装饰于女子的肩袖、领襟、围腰等部位，纹样包含了神话传说、图腾崇拜、祖先崇拜等，以写意的具象纹样为主，有人、龙、鸟、蝶、鱼、蛙、牛、马、狗、虎、猫、蟹、猴、鸡、兔以及花草等纹样，取于多种动植物的典型特征组合成似像非像、神性化的形象和超自然

形象。

　　摆贝型苗绣——主要分布在都柳江上游的榕江、丹寨、三都、雷山等地交汇区域，色彩斑斓，经常出现的动物纹有龙、鸟、蝶、鱼、蛇、穿山甲、蛙、龟、猫头鹰、阴阳鱼等，造型粗犷豪放，变形夸张，近乎抽象，主体形象多用三角锯齿纹装饰，如锯齿形状的花和叶合体的龙、鸟纹。此外，常用的还有螺旋形、水波纹等。

　　花溪型苗绣——又叫花溪苗族挑花，主要分布在花溪、龙里一带。早期挑花底布为自织青色麻布，色彩单纯雅致，以银色调为主，白色点缀小面积彩色，构图严谨，图案有几何化、程式化的特征；中期挑花色彩热烈华丽，以红色调为主，配以黄、绿、白等色丝线，构图较为活泼，图案丰富。

　　织金型苗绣——主要分布在织金、纳雍、赫章等地。绞绣也称钉线绣，是织金和纳雍一带苗族特有的绣艺。先用丝线缠裹生麻丝缕制成特殊的预制线，再按图案需要钉在底布上，工艺十分复杂，细致繁密，色彩古朴，以红黄色为主；纹样以传统的团花和鱼鸟纹居多，装饰效果非常强烈，一般用于制作绞绣背带。如果是用丝线缠裹马尾制成特殊的预制线，就是马尾绣。织金马尾绣和三都、榕江交界一带的水族和苗族马尾绣风格近似。

　　凯棠型苗绣——主要分布于凯里

苗绣

市凯棠一带，稚拙饱满，主要用于装饰服装的肩袖、领襟以及背小孩的背扇，纹样有变形的鸟、鱼、龙、蝶、花、果、叶等，构图多为中心对称式。工艺以梗边打籽绣和三角绸叠绣为主。打籽绣多以蓝绿和粉红系列的不同明度的色线，由浅入深填充；叠绣以色彩饱和的薄绸折成小三角构成图案，层层叠压铺满画面。

谷陇型苗绣——主要分布于黄平县谷陇一带，朴素大方，用于装饰服装的袖腰、肩背、领襟、围腰、裙边、少女帽等，纹样以几何抽象形为主，有人形纹、龙鳞纹、马蹄纹、柿蒂花纹、豇豆花纹、蝴蝶纹、鸟翅纹等。构图时，四方连续以矩形、菱形、方形等为骨架，二方连续直接相连成条，再根据服装工艺要求进行拼接。

舟溪型苗绣——主要分布在凯里、雷山、丹寨等县市的舟溪、丰塘和南皋一带，古朴抽象，上衣袖中部及前围腰是刺绣的主要装饰部位。围腰为横长方形，以抽象的太阳纹、井字纹、三角纹等组合成纹样，各纹样以二方连续排列。纹样一般用蚕棉纸剪成后贴在绸布上，再用马尾梗线沿纹样边锁钉，形成凸起的装饰边缘。

剑河型苗绣——又叫锡绣，银白色的锡粒绣在藏青色布料上，对比鲜明，酷似银质。图案一般是相对固定的几种几何图案，如"万"字纹或"寿"字纹等，核心图案犹如一座迷宫，变化莫测，充满神秘意味。技法讲究图案的整体布局整齐对称，锡粒制作均匀细致，钉绣整齐细密，以"软"而"坠"为佳品。

苗绣是中国传统刺绣中的上品，艺术大师刘海粟曾这样评价苗族刺绣："缕云裁月，苗女巧夺天工，苏绣、湘绣比之，难以免俗。"2006年，雷山苗绣、花溪苗绣、剑河苗绣作为苗绣中的佼佼者被国务院公布为第一批国家级非物质文化遗产名录。

苗族剪纸是从刺绣派生的吗

最早的苗族剪纸是祭仪剪纸。正如杜甫诗曰："暖汤濯我足，剪纸招我魂。"剪纸源于民间宗教文化，与人们关于灵魂生死的观念息息相关。苗族传统祭祀典仪一般都使用剪纸作为祭器和祭物，越是重大的祭仪使用的剪纸越多。苗族因信奉众多天神地祇，所以宗教性的祭祀活动也相当多。有固定在一定时期内举行的常祭，也有临时性的某种特殊情况下举行的特祭；有单项的祭祀，也有综合性的祭祀。按主祭者和祭祀的规模，大体可分为区域性的大祭（一般在苗族议榔时举行）、村寨或宗族的祭祀和一家一户的户祭三类；若按祭祀的场

苗族剪纸能手姜文英

合和方式的不同，又可分为郊野祭祀、村寨祭祀和门户祭祀三种。举行仪式前，一般都是主祭者准备各种祭祀用的牺牲和祭品，祭祀长老则在一旁用剪刀剪切祭仪中使用的各种剪纸。苗族祭祀典仪用的剪纸，具有或兼具事神、礼神、娱神、媚神、通神的功能，已经成为宗教礼仪的重要组成部分。祭仪剪纸与古老宗教共生，古老宗教又给予原始的剪纸艺术以丰厚的馈赠。

关于苗族剪纸的起源，一直到目前为止，很多人仍然认为源于刺绣。《中国少数民族美术史》就这样说："苗族民间剪纸有悠久的历史，它是由刺绣艺术派生出来的……剪纸派生于刺绣，又服务于刺绣，服饰—刺绣—剪纸形成互相制约的链条。"这个判断肯定是错误的。事实上，苗族民间宗教文化，是苗族民俗活动的核心，也是苗族剪纸

生发的渊源。

　　祭仪剪纸主要有哪些类别，对所祈求的神祇有多少，所剪的剪纸数目亦应当有多少呢？中部方言苗族在举行 khod langf（"考榔"）神判性祭仪中，所祀神灵为 7 位，需要的剪纸就有蜈蚣剪纸 7 个、日纹剪纸 7 个、燕子剪纸 7 个、dliangb dab（"良达"）剪纸 7 个、寨门形剪纸 7 个、古兵器 bangx dangx（"板倒"）剪纸 7 个，另加纸串两套。所有这些，纸色都是红白相间。

　　待祭祀长老的剪纸与主祭者准备的祭品等一切准备停当，祭仪才正式开始。祭祀完毕，这些剪纸与其他祭物有的置于郊野村头古树上，有的一直张贴于家中的墙壁，有的一直悬挂于门楣或中柱或屋梁上。祭仪剪纸主要有 hfud xit（"俯西"）、zaid xit（"宅西"）、dliangb dab（"良达"）、liongx jongb（"拢迥"）以及日纹、燕纹、箭纹、蜈蚣纹、桃花纹和一种叫 bangx dangx（"板倒"）的古兵器等各种式样剪纸。

　　"俯西"（hfud xit）——为"顶纸"或"顶花"之意，其形态类似清明节用的纸幡，但没有哀悼之意，功用范围甚广，几乎较大规模的各类祈禳祭仪都用。按祭祀长老的解释，"俯西"是神祇威仪之象征。雷山县陶尧寨的唐炳武说，"俯西"剪法类似汉族纸幡之技法，但根据不同祭仪，又有直剪、折剪和曲剪三种不同剪法。招龙、栽花树、挂青等祭祀活动都用"俯西"作祭物。苗族古经说："人们敬你俯杜，

苗族剪纸

人们献你俯西，敬与你添威仪，献给你添威望。你回赠衣着予人，旧装未破又馈新。"这里的"俯杜"是"俯西"的同义语，都是纸花或纸串的意思，"你"指祈禳的对象——神。从古经的内容判断，人们用"俯西"献神，目的是希望获得对等的馈赠，"俯西"是神的衣装之象征。"俯西"可由多节纸串构成，在给成人祈禳求福时，每10岁以一节纸串表示，60岁纸串就为六节。

虫与花的纸艺

苗族剪纸，俗称花纸、剪花、绣花纸。中部方言苗族称为"西给港""西给榜"，意为"动物剪纸""花卉剪纸"。苗族没有汉族和北方少数民族剪窗花的习惯，除了在传统信仰活动中的剪纸外，苗族剪纸主要是用于刺绣底样，是苗族姑娘刺绣的范本。

　　"宅西"（zaid xit）——"纸屋"之意，是苗族祭仪剪纸较为复杂的形式，也是苗族祭仪剪纸的精华。一般用相当一张桌面的整张白纸，剪成各种各样的祭物形象。"宅西"主要张贴在祭祀长老家中，象征依附于祭祀长老的一种名叫 daib hmenb（"丹门"）的神灵的居所。据说祭祀长老都拥有一大批依附于他的 daib hmenb（"神灵"）。举行"过阴"仪式时，巫师把这些神灵都请来，让他们去侦探和辨别是何种鬼怪作祟。由于当地汉语把"丹门"叫做"阴宰"（多误写为"阴崽"），导致长期以来人们对该概念误解甚多。准确地说，"丹门"是祭祀长老所居区域的先世英灵，他们依附于某个祭祀长老后形成一个神灵集团，行动听从于该祭祀长老的协调，并具备一定的驱恶扬善能力。这个神灵集团主要由以下几个部分组成：该祭祀长老先辈中有德有才者、当地过去为官一方敢于为民请命者、过去揭竿起义的地方英雄、当地过去著名的祭祀长老以及各种名声显赫的自然领袖。"丹门"具有驱恶扬善、扶难救弱的功用，因而如果某个家族的先贤被某祭祀长老声称已经转化依附其身为"丹门"，他们并不为此感到耻辱或恼怒。苗族相信一命多灵，他们认为先贤英灵第一灵魂永远归属本家族，因此多灵论在他们心中并不有任何矛盾和困扰。祭祀长老的"宅西"，就是剪给这些"丹门"神灵休憩的纸屋。祭祀长老时常给"宅西"进香醉酒，对这些"丹门"敬重万分，不敢有丝毫怠慢。

　　"良达"（dliangb dab）——一种地祇。这是苗族祭仪中使用最普遍的一种剪纸。苗族古经说，创世之神 Bad Ghet Wongl（巴高翁）死后，其身躯化为各种神："脊背变山梁，脊背变山脉……血液变良达，血

团变都兑。"

良达、都兑指同一神祇，是苗族护寨保家大神 Ghab Hvib（"嘎熙"）等大神祇的陪护小神灵，它们无处不在，给大神祇们迎来送往。该小神灵如果被忽略了，也会对人小小地捣蛋一下，所以给"嘎熙"等大神祇什么祭品，也要给他们同样的一份。

在祭仪剪纸中"良达"的形象类似人，可直接贴在墙板上，其余祭仪场合多用水竹划破一头夹于其上。"良达"剪纸分一般"良达"和缺脚"良达"两种，祈禳类祭祀用前者，神判类祭祀用后者。雷山县陶尧寨的唐炳武剪的"良达"分为一般"良达"和长袍"良达"两种。高寿的苗族老人一般穿丝缎长袍，对高寿老人祈福或给仙逝的高寿老人祭祀则使用长袍"良达"以示敬重。

拢迥（liongx jongb），其义不甚明，剪法也较简单。把长纸条的一边用剪刀细细剪为须状，再卷到一棵长竹签上即可，一般在祭祀桥凳神、栽花树以及神判性祭仪中使用。一些祭师认为"拢迥"是生命之桥的象征。苗族古经说："用'拢迥'去刺，拿竹叉去撑。去刺他人口，去撑他人嘴。他无话可说，他无言以对。"从苗族古经经文推断，"拢迥"似乎是一种古代木制兵器。经文中的竹叉，乃是用竹竿略破一头，再用一根短棒支撑所破的两丫竹片而成。经文中与其对偶

苗族剪纸

的"拢迥"，亦当是类似的东西。祭仪中，竹叉为实物祭器，而"拢迥"为象征性剪纸祭物。

我们可以看到，从祭仪剪纸发展到刺绣剪纸，是剪纸艺术的一个审美变迁过程。如蜈蚣纹剪纸，在苗族祭仪剪纸中是神圣、恐怖、威武的标志。祭仪中的蜈蚣纹剪纸，身体饱满，从头至尾长满须鳍，犹如蜈蚣的足一般，但是没有刺绣剪纸变化为蜿蜒曲线状的细长身躯，图案极其古朴。蜈蚣纹剪纸主要用于审判性祭仪特别是驱"口舌煞"祭仪，是一种威武的象征。

Mais Bangx Mais Lief（"曼榜曼留"）生 12 个蛋，请来 Jib Weix（"吉宇鸟"）孵了 3 年整，生出人类始祖姜央和蜈蚣、雷、虎、龙、蛇等动物以及一批鬼怪。由此可见蜈蚣在苗族文化中的审美形象之地位价值和历史悠远。为了争王当大，雷公放水淹天地，姜央放火烧山坡，龙王逃到深水潭，雷公飞上天，老虎逃进茅草坡，长蛇逃到田坎，蜈蚣逃到岩脚。从此，蜈蚣和姜央以及雷公、龙王天各一方，各育各子孙，各治各领地。《打杀蜈蚣》这样叙述：人类始祖姜央勤苦开田，不料撞到蜈蚣的家，并挖开了蜈蚣的祖坟。蜈蚣请来创世诸神做理老裁决，终无结果，互相决斗亦雌雄难分。一天，河里涨水，蜈蚣趴在木柴上顺水漂来，姜央因到河边拾柴，被蜈蚣咬伤致死。蜈蚣咬死姜央，引起公愤，人们将蜈蚣提住，烧死赔命，并将姜央埋在月亮上，表示崇敬和供后人瞻仰。所以后来部分苗族有这样的禁忌：不拾顺河漂来的木材做柴火。

神圣、恐怖、威武，能够驱逐恶煞而具备保护力量，就是蜈蚣纹剪纸的全部文化意涵。种种例证说明，随着苗族社会农耕文明的不断发展，原始的祭仪艺术在继续缓步前行的同时，又在服饰的刺绣制作中找到了一条独立发展的艺术之路。但是宗教礼仪与剪纸艺术的发展始终息息相关，以至于苗族剪纸艺术相当长的一个历史阶段，基本上就是传统宗教艺术史，直到现在苗族仍有在年节剪神灵之形贴于牛栏或门上的剪纸习俗。即使苗族剪纸在刺绣艺术中获得了特殊的发展生境，但其艺术构筑的主要元素仍然能从祭仪剪纸中找到它们早期的影子。例如，台江县施洞地区苗族的各种"百足虫"形态的剪纸，往往头上长着一对雄伟的触角和一双睁得圆圆的大眼睛，身体呈曲形，中间有一道道扇形鳞甲，从头至尾规则排列。这就是苗族祭仪中蜈蚣剪纸的艺术造型升华，也正是《苗族古歌》中蜈蚣的真正形象：

苗族祭祀剪纸

当今蜈蚣个儿小，
再大莫过小指头。
当初蜈蚣个头大，
身粗如像谷仓枋。
阿宝公公老人家，
金口玉牙咒蜈蚣。
蜈蚣死了不许活，
万一日后活转来。
只许身粗如竹筷，
不许大如仓柱头。

　　由于祭仪剪纸的局限，蜈蚣剪纸形象拘谨而单调。但是在刺绣剪纸中，蜈蚣纹剪纸则获得了天宽地阔的无限发展空间，各种各样的蜈蚣纹，身躯修长丰满，从头至脚都长满须足，或似龙，或像鱼，种种样态不一而足。从祭仪剪纸到刺绣剪纸的审美变迁，充分反映了苗族对剪纸艺术想象的伟大天赋和艺术创造的无穷智慧。

● 蜡染，中原传到西南还是西南流入中原 ●

不论从文物考古还是文化传承的角度来看，平坝县桃花村都是个有名的蜡染文化村落。这里有一首流行了千百年的《蜡染歌》，歌中叙述了蜡染起源的故事：

有一个聪明美丽的苗族姑娘希望能在裙子上染出各种各样的花卉图案来，可是一样一样地手工绘制实在太麻烦，她终日为此闷闷不乐。一天，她在鲜花中睡着了，朦胧中花仙子把她带到了一个百花园中，园里有无数的奇花异草，鸟语花香，蝶舞蜂忙。她看得入迷，连蜜蜂爬满了衣裙也浑然不知。等她清醒过来，低头一看：花丛中的蜜蜂刚刚飞走，在她的衣裙上留下了斑斑点点的蜜汁和蜂蜡，很不好看。她只好把衣裙拿到靛蓝染桶中去，想重新把衣裙染一遍，覆盖掉蜡迹。染好后，她拿到沸水中去漂清浮色。从沸水中取出衣裙的时候，奇迹出现了：深蓝色的衣裙上被蜂蜡沾过的地方出现了美丽的白花！她心头一动，立即找来蜂蜡，加热熬化后用树枝在白布上画出蜡花图案，然后放到靛蓝染液中去染色，最后用沸水溶掉蜂蜡，布面上就现出了各种各样的白花，染缸中居然染出了印花布，她高兴地唱起了山歌。从此，蜡染技术就在苗族以及布依族、瑶族等兄弟民族之间流传开来了。

苗寨的早晨

鼓藏节上的蜡染祭幡

穿蜡染衣的苗族女孩

　　1987 年仲夏，为举办"贵州蜡染文化展"，贵州省文化厅组织考古工作者，对平坝县桃花村棺材洞进行发掘，共获 15 件蜡染织品，其中最珍贵的是出土了一条古代的苗族彩色蜡染百褶裙。中国科学院地球化学研究所对埋藏该裙的"筒棺"进行了 C14 同位素检测，结论是该裙最迟为 11 世纪（唐末宋初）之物。该裙虽然经历了近千年时光的销蚀，彩色图案花纹却艳丽如新。这一发现在海内外引起了很大反响。这条彩色蜡染百褶裙是人类存世的第一件彩色蜡染实物，它的发现填补了蜡染史的空白，在蜡染史上具有划时代的意义。这件被命名为"鹭鸟纹彩色蜡染褶裙"的特点是挑花、刺绣、蜡染三结合，图案是早期铜鼓纹样及漆器纹样，融欢快、严谨、热烈、大方于一体，实为世间罕见之佳作，对于研究中国蜡染史和彩色蜡染源流有着重要作用。

　　苗族古歌和古代贾理典章，很早就有关蜡染的记录。苗族三大方

苗族蜡染能手王阿板及作品

言都称蜂蜡为 jenb（"金"），说明这个词汇非常古老。黔东南苗族古歌称蜂蜡为 jenb（"金"），蓝靛为 nix（"银"），画蜡为 tet jenb（"涂金"）。苗族蜡与金为同音词，可能来源于两者同色——蜂蜡成色为金黄色。苗族称蓝靛为"银"，有可能是铸造银饰时浸洗银器的水与蓝靛同色而来。金银观念是苗族关于世界构成最古老的观念，苗族古歌认为，宇宙是创世诸神用金银铸就的。称蜡为 jenb（"金"），蓝靛为 nix（"银"），除了体现苗族养蜂制蜡历史悠久之外，还可以从哲理的角度观察蜡染在苗族文明中的地位和价值。苗族贾理《乌鸦贾》中称蓝靛水为 eb dles。蓝靛水又叫 eb vob Bongx Jongx 或 eb jid Ghet Zok（祖神水）。Bongx Jongx（"榜炅"）和 Ghet Zok（"高佐"）是生 12 个蛋的圣祖母的后裔，是人类的第一代先祖。在苗族贾理经典中，蓝靛水与祖神之名联在一起，也从词汇学的角度，映衬了苗族染织史之悠久古老。《苗族史诗》中的《古枫歌》还这样叙述：

> 这就要砍古枫树，
> 古老枫树砍倒了，
> 枫倒变成千万物。
> 锯末变成了鱼子，
> 木屑变成了蜜蜂。
> ……

国家级蜡染文化传承人王阿勇及作品

苗族古代先民认为蜜蜂从枫树的木屑变幻而来，蜂蜡与枫蜡同质，蜂蜡源于枫蜡，说明苗族的枫香染早于蜡染，随着养蜂提蜡技术的不断发展，蜡染才逐渐代替了枫香染。

黔东南苗族的贾理经典《乌鸦贾》说，乌鸦本来是白色的。为什么后来却变成了黑乌鸦呢？苗族先民在迁徙途中，到处找寻富足之邦。乌鸦说，它可以引领苗族先民到一个衣暖饭足的处所，未料那里却是百草不生的火烧坡。苗族先民非常生气，用夹子夹住乌鸦的脖子浸入蓝靛中，于是乌鸦变成了黑乌鸦。由于夹子的阻染作用，脖子那一圈没有被染着，才有了那么一道白圈。不

遥远的蜡染村落——榕江摆贝苗寨

言而喻，这正是蜡染工艺中的印染和脱蜡技艺在古代苗族口传典章中的艺术反映。

苗族蜡染文化历史悠久、久负盛名、独放异彩。黔桂都柳江流域、黔中地区、川黔滇的乌蒙地区、湘西地区、海南的苗族地区以及滇东南、滇南、滇中、滇东北等地区，都是苗族蜡染文化的重要分布地区。蜡染专家津津乐道的丹寨型、织金型、榕江型、川南型、海南型、文山型等艺术风格蜡染，都属于苗族蜡染。由于贵州苗族居住的地理环境相对封闭，处于手工文化和农耕文化为主的状态，其蜡染艺术还保留着原始感强烈的单纯朴素风格，使贵州苗族蜡染在我国众多的民族民间蜡染中独占鳌头。因此，以贵州榕江、丹寨、织金、六枝、纳雍、普定等蜡染艺术为典型代表的地区，被誉为"中国蜡染之乡"。

曾几何时，蜡染是中原大地盛开的一朵古代文明之花。不少西方学者认为，蜡染发源于中国，是自古就被用于染布的方法。最早的蜡染可能产生在中国或埃及，从当地再流传到波斯、印度及其他国家。关于中原蜡染与西南蜡染的关系，小说家和服饰研究大家沈从文认为："西南蜡染原有个更久远的传统，应从木棉织物的阑干斑布算起。唐代蜡染技术上的成就，决非某人发明，很可能是从西南兄弟民族方面传入中原加以发展的结果。"大部分织染专家则认为，蜡染起源于中原，苗族迁徙到西南才把蜡染技艺带到那里并在各兄弟民族中流传开来。"唐宋以后，刺绣、织锦、缂丝的高度发展，中原蜡染日趋衰退而逐渐失传。随着历史上几次民族的迁徙、融合，盛唐时代的蜡染技艺传入了贵州。"

蜡染传承项目

民间蜡染，是苗族以及西南少数民族世代传承的传统技艺。2006 年，丹寨县苗族蜡染技艺被列入第一批国家级非物质文化遗产名录。2011 年，四川省珙县苗族蜡染技艺、贵州省黄平蜡染技艺被列入第三批国家级非物质文化遗产名录。2012 年，贵州省丹寨县王阿勇被列入第四批国家级非物质文化遗产项目代表性传承人名单。

著名的蜡染村落——丹寨远景村

蜡染能手韦祖春的作品

蜡染服装

　　我们更倾向于多源共生说，世界蜡染中心分布图上各个不同蜡染中心都是独立发生类似的实践活动。中国的民间蜡染艺术，目前主要遗存于西南少数民族聚居区，很有民族特色与地域个性。特别是在贵州民族地区，地域广袤、文化多元，形成了不同形式与不同风格的蜡染艺术。有的是多个民族居住在同一地区，其蜡染风格相似；有的虽同属一个民族，但由于分布在不同区域，其蜡染风格却迥异。这种情形带来的艺术分类的困难，却从另一个方面说明了中国民间蜡染文化的丰富性和多样性。

贵州省第一次蜡染传承人培训合影

● 雍容华丽的嫁衣为何叫"雄衣" ●

苗族服饰，最为雍容华丽者，是黔东南苗族妇女盛装。这套绣工精巧穿在女子身上的服饰，却有一个很奇怪的名字——"雄衣"。"雄衣"苗语叫 ud bad（"乌巴"），即"男子之服"。"雄衣"多为交襟式上衣，两边衣襟长过衣身，无扣无纽，穿时交襟于胸前，用织锦腰带或围腰束紧。"雄衣"最大特点是衣领低矮，类似日本和服领，穿着时袒胸、露颈，颇有盛唐遗风的韵味。

"雄衣"这个名称的来源，据苗族婚嫁史诗——《换婚歌》记载，还有一个古老的传说。

从前有两兄妹，哥哥叫"皋"，妹妹叫"庚"。妹妹心灵手巧，能织能绣，家中的衣柜，全装满了她制作的衣物，很讨父母的欢心。哥哥每天都下田干活，种出的稻谷，一年到头全吃完。父母看不出哥哥的好处，认为哥哥没有出息，而认为妹妹很能干，于是决定：妹妹守家赡养父母，哥哥出嫁远走他方。哥哥出嫁之时，父母叫妹妹给他做了一种式样较为漂亮的衣服，这种衣服就叫做"雄衣"。哥哥穿着"雄衣"，自己吹着

中部苗族"百鸟衣"

便装与盛装

《中国苗族服饰图志》记述，苗族服饰有170多种。如果一天换一套，整整需要半年的时间。苗族服饰分便装和盛装两种。便装，也称素装，日常生活、劳动时穿。盛装，逢年过节、走亲访友时穿，雍容华丽，精美细致。

芦笙出门嫁人去了。

哥哥走了，家里的农活只好由妹妹来承担。原来的层层梯田，哥哥都是凿崖架枧，引水灌溉的。可是，哥哥原来修建的枧槽坏了，妹妹没有力气，无奈只好用菜筒做水槽引水，大风一吹，全都飞了。秋天来了，田里的稻谷几乎颗粒无收。这时，父母才想起哥哥的种种好处来。没有男丁，怎么种田养老呢？更为严重的是，哥哥和村寨的男子出嫁后，村寨被外族入侵，父母只得送信给出嫁的儿子。儿子回家打退了敌人。此时，父母认为留儿子在身边为好，于是请长老们一起商议，决定改由妹妹出嫁。妹妹也不愿出嫁，希望至少能在娘家再住一段时间。于是寨老就立了一条规矩，要回娘家住也可以，但是"锅灶不能摸，不准端饭甑，若把榔规犯，恶虎不留情"。这就是苗族新娘"缓住夫家"习俗的由来。此后，妹妹才回心转意，愿意出嫁，把哥哥换回来种地赡养父母。哥哥穿的"雄衣"，于是转给了妹妹。哥哥吹起芦笙，送妹妹出嫁，自己则守家立业，传宗接代，养老送终。

很多专家认为，男女换嫁传说和苗族女子盛装称为"雄衣"，很可能是人类社会发展历史长河中，以女子为中心的母系氏族文化的遗迹。"雄衣"是黔东南地区苗族妇女常穿的一种衣服，特征是无领，衣襟中开，衽上缀有花边，衣袖上绣工精巧，花纹斑斓，在苗族妇女的心目中是最珍贵的服饰。在三种情况下，苗族妇女才能穿"雄衣"：一是出嫁时；二是举办盛大节日时，如祭祀列祖列宗；三是去世入殓，据说只有穿着"雄衣"到另外一个世界去，才会被自己的先祖接纳。

都柳江流域的苗族"百鸟衣"，是很有特色的一种苗族盛装。传统的"百鸟衣"精选雉鸡、锦鸡等鸟羽为衣带的坠饰，集刺绣、织锦、蜡染为一体，构成一件完整的"百鸟衣"。"百鸟衣"的刺绣以蚕丝为底，因此轻软适体，不沾灰尘，不沾雨水，色泽鲜丽夺目。"百鸟衣"上的绣花图案和蜡染图案有百鸟、飞龙、蜈蚣、游鱼、蝴蝶及各种花草等，将苗族传统信仰中的自然崇拜集于一身。这种盛装，不仅女子穿，男子也穿。可见"雄衣"的称谓，真正是名副其实的。

女子头戴的 dak nix（银翅），同样是黔东南地区苗族妇女的一种珍贵的装饰品，也是在盛大节庆和出嫁之时才戴，平时都是珍藏着。

苗族盛装

苗族盛装

苗族盛装

苗族妇女戴 gib nix（银角）的缘由，也同"雄衣"一样。据苗族古歌传说，古代男子嫁到女子家去，出嫁时需把新郎打扮得威武英俊。怎样才威武英俊呢？大家认为为人犁田耕地的水牯牛最为壮实魁伟，并且头上还配有两只刚劲犀利的触角，于是除了漂亮的"雄衣"外，父母还按水牯牛的触角形状给出嫁男子的头顶配上一对银角，以示威武英俊，能抵御强敌。后来出嫁对象由男子换为女子，但这种古老的装饰仍沿用不变。如今女子出嫁，除了戴银角，还戴银花、银项圈。这一装饰除了显示出嫁女子的装饰漂亮外，更主要的是显示女子家庭的勤劳和富有。

MIAOLING
苗岭
QIPA **奇葩**

● 苗历，天文历法的瑰宝 ●

在远古时代，天文学的发展与农业有着重要的联系。作为农耕部落的苗族先民，为了生产生活的需要，不断观察天时物候，积累天文知识，集体创制了苗历。尽管苗族大分散格局和内部差异性很大，但都有一个突出的共同现象，即都有反映古代历法的口头传说内容。其中，黔东南地区丹寨县境内流传的苗族古籍 Jax（"贾"）不仅记述了苗历的内容，还记述了苗历的产生过程与功用：嘎良、嘎兑等天神地祇开天辟地、铸造日月、育山造林缔造了生存的空间后，因为还没有历法，不懂得年月季节日时，糊糊里糊涂过着日子，生产生活毫无秩序，于是众神聚集"浑河黑水"，创制历法、椰规等制度，制定了时、日、月、季、年、"斗"等历法单位及其相互间的关系，还制定了年

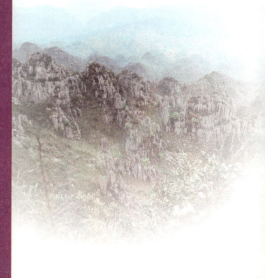

丹寨苗族农民画

月日时使用的十二生肖和八十四"嘎进"以及十二方位、尺升秤等基本的度量衡器和维护氏族社会秩序的榔规。流传于黔东南著名的苗族神话传说《久各与珍福》说，苗族少年姜久各随父母久各与珍福到天宫，把苗历从天宫带回人间。后来苗历不慎被烧毁，人们不知道日子与季节，见木姜树和枇杷树冬天开花，以为春天来临，结果撒种冻烂种，栽不成秧。于是姜久各凭记忆用他在天宫学得的历法知识重新编写历法，"写出前五岁，编成后五年，月日全清楚，季节都分明"，人们才又正常生产生活。

历法，苗语叫"jax dongd lil ot"，又叫"jax ghab niangx, lil ghab hniut"，均可译为"历法贾理"。历法贾理认为，历法也是人们通过议榔才形成的约定。有的苗族贾理古经说，历法是嘎良、嘎兑等天神或往彼和夏瑟两位天神创制的，有的苗族贾理古经则说，是苗族与汉族、侗族、布依族议榔而订立的。

翻箱查古籍，
掐指算时辰。
议定成年末，
约定成岁初。
议定成季节，
约定成月份。

年份十二月，
月定三十日。
昼分十二辰，
夜定十二刻。
寒季六个月，
暖季六个月。
春节也约好，
苗年也定妥。

　　从这段贾理古经可看出，苗族很早就意识到时间是一个连续体，所有的季节和时辰等计算单位都是人为的。而且这些计算单位已经分得比较细致："Juf ob joud ib jif, juf ob jif ib xib, juf ob xib ib hnaib."（"十二蹴一瓯，十二瓯一西，十二西一天。"）xib（"西"）相当汉语的辰，也就是2小时，jif（"瓯"）等于10分钟，joud（"蹴"）等于10秒。苗族这种特有的十二进制计时法，颇值得玩味。毫不夸张地说，与汉

"苗"甲子

专家实地调查发现，在200多年前，东部方言的苗族不用汉历而用自己的苗历。现在中部方言的雷公山地区仍然使用称为"苗甲子"的苗历。黔东南苗历基本上属于阴阳历，采用独具一格的八十四进制计算。

历以及其他历法比较，苗族历法中用于纪年、纪月和纪日的"八十四嘎进"，可谓是人类天文历法文化的瑰宝。

苗历的"进"含有"中"或"值"的意思，是指特定时间内星宿在天体中运行所处的坐标位置。"嘎进"由十二生肖和二十八宿（雷、大龙、竹鼠、野猫、太阳、大虎、小虎、螃蟹、水牛、妇、鼠、燕、猪、小龙、螺蛳、狗、雉、鸡、鹰、猿、水獭、鹅、鬼、马蜂、马、蜘蛛、蛇、蚯蚓）组成，共84个。民国《八寨县志稿》称之为"苗甲子"，以"雷宿虎"（苗语意译，下同）为序首，终而复始：雷宿虎、大龙宿兔、竹鼠宿龙、野猫宿蛇、太阳宿马、大虎宿羊、小虎宿猴、螃蟹宿鸡、水牛宿狗、妇宿猪、鼠宿鼠、燕宿牛、猪宿虎、小龙宿兔、螺蛳宿龙、狗宿蛇、雉宿马、鸡宿羊、鹰宿猴、猿宿鸡、水獭宿狗、鹅宿猪、鬼宿鼠、马蜂宿牛、马宿虎、蜘蛛宿兔、蛇宿龙、蚯蚓宿蛇（以下照推）。苗历的"嘎

苗岭风光

进"与汉的二十八宿的命
名，相当多的宿在含义上
相通或相近，反映了两者
的渊源关系。苗族"嘎进"
与《水书》中所记的水族
二十八宿，直译名相同者
竟达 22 个，也明显反映了
其交流或渊源关系。苗历
"八十四嘎进"构成和排序，
以及推算和使用，具有一
定的基本规律，具有丰富
的苗族文化特色。

苗岭风光

　　第一，"八十四嘎进"的历法特点。由十二生肖和
二十八禽组合而成，其中十二生肖用了七轮，二十八禽用
了三轮，"八十四嘎进"也就是十二生肖和二十八禽的最
小公倍数。纪年、纪月、纪日和纪时均可用"八十四嘎进"，
但实际生活中大多用于纪年和纪日，纪月的情况很少，
这可能是经常置闰，其规律的掌握较为繁琐而放弃了。
根据《丹寨县志》的说法，1990 年 12 月 31 日，苗历全
称名为雉宿马年鼠月太阳宿马日。汉族六十甲子与苗族
"八十四嘎进"的内在联系，是两者都用十二生肖（地支）
作为主要的结构要素。根据最大公倍数的求解，每过 420
个计算单位，汉族六十甲子与苗族"八十四嘎进"会重
合一次。参照六十甲子相关的研究，完全可以根据公历
推导出苗历的哪一年和哪一天。如根据甲子公历纪年换
算甲子纪年公式 $x = (Y-3) \bmod 60$，也可推导出公历
纪年换算苗历的公式：

　　$x = (Y-3) \bmod 84$

　　x 是要求解的"嘎进"序号，Y 是年份。比如 2007 年
的"嘎进"序号，导入公式求解：

　　$x = (2007-3) \bmod 84 = 72$

　　如果 nangl jongf nangl（"鼠宿鼠"）为"嘎进"的第 1 号，

······················●
苗岭风光

则第 72 序号为 bat gangb vas
（"蜘蛛宿猪"年）。可是
王凤刚《苗族贾理》中的推
算为大虎宿猪年，其"嘎进"
序号为第 24，比我们推算的
整整差 4 轮生肖。如果《丹
寨县志》和王凤刚的算法是
准确的话，公历纪年换算为
苗历纪年的公式应修整为：

x =（Y–3）–48 mod 84

也就是说，公元年号减
去 3 后，再减 48（即相差
的 4 轮生肖数），然后再除
84，其余数即为"嘎进"序
号数，这就是要换算的苗历
年。其余纪日、纪月的换算
法较为复杂，这里不再赘述。

第二，"八十四嘎进"
以 xed jongf hob（"雷宿虎"）
开头，是苗族传统信仰在历
法上的标志。根据汉族地支
为序来推导"八十四嘎进"，nangl jongf nangl（"鼠宿鼠"）
当为第一，但是贾经在叙述时，第一句却说 xed jongf hob（"雷
宿虎"），紧接着是 lok vongx hlieb（"大龙宿兔"）。这
是为什么呢？熟读苗族贾经的人都知道，苗族圣祖母产 12
个蛋，孵出 12 个宝：

Mongl ved dol ghet Vangb，　　孵出始祖叫央爷，
Mongl niel dol ghet Hob，　　　随后孵出雷王爷，
Mongl ved dol ghet Vongx，　　随后孵出龙王爷，
Mongl niel dol ghet Xed，　　　随后孵出虎王爷，
.....　　　　　　　　　　　　　……

雷、龙和虎，反反复复与人类始祖姜央争名夺位，留下一系列曲折生动的神话故事。苗族重要的祭祀活动，大部分也是针对雷神、龙神和虎魔而进行的。因此，"八十四嘎进"以雷、龙和虎开头，也就不足为奇了。另有调查说，"八十四嘎进"以 mal mais hnaib（"日宿马"）为首，其说有待研究。

第三，二十八宿用于择吉避凶的纳象释义，是苗族古代行为哲学的一种精神创造，从历法科学的角度应认真分析对待。苗族的二十八宿，每一个都以一两种物象纳入其中，这些物象都有一定的象征意义。这种纳象释义在苗族贾理文化中随处可见，下面列表简单解释：

二十八宿	纳　象	释　义
jongf nangl（鼠宿）	bus geix lix（遇消水洞）	宜修仓。忌收获。
bad lind（燕宿）	bus yol yangs（遇逍遥）	宜出行。忌迎亲。
jongf bat（猪宿）	bus dangx niel（遇鼓塘）	最吉莫过用猪祭祖。主大吉。
vongx yut（小龙）	vus vangx bil（奔行山川）	小龙又叫 vongx bil，为山川神。奔行山川间，吉兆。诸事大顺。
gub gib（螺宿）	bus hkongd langl（遇深水池）	忌求子。宜种棉。
jongf dlad（狗宿）	bus daif yis（遇食袋）	吉。
jongf niongx（雉宿）	bus bil pad（遇火烧坡）	主凶。
jongf gheib（鸡宿）	bus dok hsangd（遇杂遝）	大事不宜。
jongf dlangd（鹰宿）	bus qab gheb（遇耕作）	吉。
jongf fangs（猴宿）	bus khongd det（遇树穴）	树穴寓棺木。主凶。
jongf hxab（獭宿）	bus gix ongd（遇池塘水口）	水獭进池塘，当有鱼食。主吉。诸事顺利。
jongf ngangs（鹅宿）	bus dangx bil（遇坪坝）	吉。宜嫁娶。
jongf dliangb（鬼宿）	bus hsangd nis（遇拦路）	凶。
gangb hlieb（蜂宿）	bus dul pad（遇火烧）	凶。gangb hlieb 为马蜂，其蛹味美，掏蜂窝前需火烧。人像马蜂被火烧，当然凶。
jongf mal（马宿）	bus maif langs（遇禾梁）	吉。诸事顺。禾梁，苗寨挂晒禾谷的一种木栏架。
gangb vas（蜘蛛）	dongd hxed bus hsangd nangl,waix xex bus zad hfangb（暖季遇张网，冷季遇进屋）	暖季主吉，冷季主凶。热天蜘蛛张网而食，吉。冷季收网进空屋，凶。

二十八宿	纳　象	释　义
jongf nangb（蛇宿）	bus wangl niul（遇浑水池）	凶。
gangb jongb（蚯蚓）	dongd hxed bus ded hfed, dongd seil bus las diangs（暖季遇啄头，冷季遇蛰伏）	暖季主凶，冷季主吉。热天蚯蚓出，要被其他动物啄食。冷季伏土中，甘饴而卧。
jongf hob（雷宿）	bus nongl hlet1（遇铁仓）	神话说，雷与姜央争天下，曾被姜央囚于铁仓。主凶。立房婚丧祈禳诸事不宜。
vongx hlieb（大龙）	bus nongl hlet2（遇钢仓）	主凶。
jongf jek（竹鼠）	bus hsud dex（遇铜锁）	凶。
ongf dliangs（狸猫）	bus ngix xut（遇腌肉）	吉。
mais hnaib（太阳）	bus dangx kib（遇火烧坪）	暖季主凶，冷季主吉。苗族神话中，太阳神的地位一般不高。
xed hlieb（大虎）	bus dul tait（遇火炭）	暖季主吉，冷季主凶。
xed yut（小虎）	bus dul jib（遇火塘）	吉。
gangb diob（蟹宿）	bus wangl hxib（遇清水塘）	暖季主吉，冷季主凶。
bad langf（水牛）	bus dongs hlet（遇铁柱）	凶。
jongf wid（女宿）	bus dil xongb（遇灵床）	大凶。诸事不宜。苗语多以 wid 称呼邪煞，如 niux ghab bongl wid ghab gangx。

历法贾经是苗族古代文化中比较难以理解的部分之一。趋吉避凶是古代任何一个民族生存繁衍的基本行为准则，趋吉避凶理念和选择标准，从深层次反映了一个民族对未来的渴望和追求。我们绝不可因为现代科技的发达，而嘲笑过去人们对一些事物存在的认识盲区。从积极方面来讲，苗族历法贾理具有以下文化功能：

苗族服饰

第一，历法贾理的最主要功能，乃是用于农耕节令的确定。所以贾理典籍才这样说："Jax dongd job gid kab，lil ot job ait nax."（"岁月贾教何时开犁，季节理教何时浸种。"）过去，农耕节令的确定一般由 ghet Qend Gheb（"高启告"，即农耕长老）把握。农耕长老负责重要农耕仪式和农事禁忌礼俗的管理等。传统农事中的浸种、撒种、插秧等重要活动，都要由农事长老先行，其他人随后才能为之。农事长老最熟悉苗历，可能是苗族先民的节令掌管者。有学者认为，如果说农耕贾理是古代苗族的"农业宪法"，那么苗历乃是这个"农业宪法"的最根本支柱。

第二，历法贾理用于节日

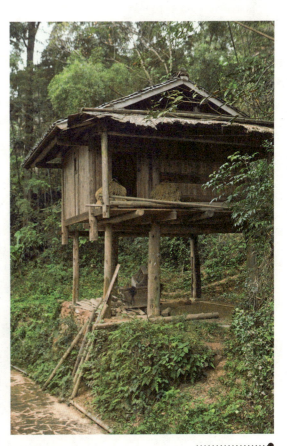

苗族粮仓

从江加榜梯田

以及重大祭祀日子的确定，也是苗历的一个功能。如鼓藏节，一般就是以"八十四嘎进"的一个小轮回来确定。纪年的一个小轮回就是12年，头尾相加，才有鼓藏节每12年过一次的说法。再如桥凳节的确定，贾理典籍是这样说的：

> 腊月有三十，
> 二月有初二。
> 二月即祥月，
> 初二乃吉日。
> 架桥于山冲，
> 方便人行走。
> 立凳在山坳，
> 方便人歇息。
> 架桥神送子，
> 立凳仙送孙。
> 生女好绣花，
> 生男好习理。

苗族粮仓

　　只有懂苗历，才能按照祖宗规定良辰吉日来欢度各种节日并祭祀祖宗，才能享受"生女好绣花，生男好习理"的天伦之乐。

　　苗历在黔东南雷公山地区影响深广，尤其是日子的"嘎进"，对现今使用苗历的群众仍然有着深刻的影响。除了应用于农耕生产外，还渗透于他们生活的各个方面。雷山、丹寨、都匀、三都一带的苗族在日常生活的立房、修仓、迁居、婚嫁、丧葬、走亲、杀牲、用药、砍伐、祈神等，莫不依据苗历择吉进行。苗历对苗族的生产生活都有着极其深远的影响，苗历的科学内涵和价值，还有待人们进一步的深入探讨。

苗族粮仓

● 苗岭梯田，农耕文明的靓丽风景 ●

贵州苗族地区的梯田，是一道道魅力无比的自然景观和人文景观合为一体的风景线。在苗岭山脉的崇山峻岭之中，苗寨梯田随处可见，在众多的梯田中以雷公山和月亮山地区的梯田较为有名。雷公山地区较大的梯田有雷山县的开屯梯田、桃良梯田、陶尧梯田、掌排梯田。特别是开屯梯田，从坡顶到坡脚，梯田如带，炉榕公路从山腰至山脚蜿蜒穿过。稻谷成熟时节，当你乘车路过，放眼望去，层层梯田，一片金黄，迎着秋风摆动，景致非常壮观。月亮山地区的加榜梯田，现在已经成为中国风光摄影爱好者向往的梦乡。加榜梯田位于从江县加榜乡境内，地处月亮山腹地。从党扭村至加榜乡所在地连绵25公里山路，星罗棋布地分布着很多线条优美的梯田，一片连着一片，层层叠叠，形状各有千秋。沿途有党扭、加页、加车、从开、平引等10多个村寨，其中景色最美的当属党扭梯田、加页梯田、加车梯田。加榜梯田不仅规模宏大，气势磅礴，而且线条优美。无论从线条，还是整体形态来看，都吸取了天下梯田之精华，比云南元阳梯田更加秀丽，比广西龙胜梯田更加壮观，极具魅力。特别是那居于梯田间的山村小寨与梯田环境相辉映，并与大自然融为一体，无不体现出人类与大自然的和谐之美。

苗族山区的梯田是怎么来的呢？还有这么一则美丽的传说：

从前月亮山加水寨有个很穷的少年，名叫Nail（"冉"）。一天，他到乌牛河钓鱼，无论在哪一河段垂钓，都只钓到同一个田螺。他非常生气，就拿回家去煮，可是越煮水越凉，无法煮熟。他一气之下就用木槌砸，而一捶下去田螺不见了。之后，冉每次上山干活回来，桌上都摆好热腾腾的饭菜。一天，冉假装出门上山干活，却悄悄藏在屋梁上。等到煮晚饭的时候，屋里有了动静，从水缸里闪出一位美丽的姑娘，开始生火做饭。姑娘本是龙女变的田螺，后来就嫁给了冉。大

家都叫她 Gib（"桂"），就是田螺的意思。由于冉家没有田，桂叫冉到坡上去开垦。晚上风雨大作，第二天加水寨脚的荒坡变成了一片美丽的梯田。两人靠着这片梯田，过上了幸福的生活。后人为了怀念桂和冉，就把这片梯田称为"桂冉"梯田。月亮山地区苗族仿照"桂冉"梯田特点，建造了一片又一片梯田。

苗族居住苗岭山区以来，就根据地形地势和水源条件，用勤劳的双手和聪明的大脑，依靠简陋的生产工具，经祖祖辈辈一锄一锄的艰辛开垦、苦心经营，从山脚到山顶，开垦出层层梯田，形成了独具特色的苗族农耕文化。很多史学专家都认为，苗族是贵州梯田文化的主要缔造者。这种判断主要基于以下几点：

首先，根据文献记载，梯田文化是苗族在迁徙历史过程中，从北方带到贵州的主要农耕文明之一。按照著名农史学家梁家勉的考证，文献最先记录梯田的，要算《诗经》"正月"一诗，诗中所称的"阪田"，就是原始型的梯田。这一诗作的时期和地点，当在西周的镐京即今陕西境内。此后数百年间，梯田分布见于文献记录的还有今河南、山东以及湖北地区。从地望上讲，这些地区都是西周前后"三苗"和"苗蛮"集团活动的地方。唐宋时期，苗瑶集团盛行烧畲耕作制度，畲田亦即梯田。苗族迁徙到云贵山区后，更是把梯田文化发展到极致。苗族迁徙到哪里，就把梯田文化带到哪里。苗族从擅长于比较原始的刀耕火种，发展到载誉青史的火耕水薅，再发展到蜚声中外的筑坡灌田，苗族先民创造的梯田文化谱写了东方农耕文明灿烂的篇章。唐《蛮书》盛赞："蛮治山田，殊为精好。"山田就是今日的梯田。可见梯田文化是包括苗族先民在内的古代"蛮族"在中国农田史上的一大贡献。毫无疑问，苗族是中国梯田文化的最早发明者和首创者之一，就梯田的发展演变和现存并仍然在发展中的梯田文化而言，苗族也是这一古老农耕方式的最持久的发扬者和最完整的保持者之一。

　　其次，苗族口传典籍也说明苗族修造梯田的历史十分悠久。苗族

雷山陶尧梯田

古歌说，梯田修造的始祖是央王爷。

别人生性好偷闲，
姜央生来勤开田，
开田开在尖高山。
他拿衣袖作撮箕，
他用手指当钉耙，
他用牛角当铁钎。

　　这是《苗族史诗·打杀蜈蚣》中关于苗族祖先修造梯田的一段描述。按照传说，古代苗族的梯田都是用安装在头上的牛角开凿出来的。那时还没有田土，没有庄稼，先民只得饮沙食铁。这与《述异记》关于蚩尤"铜头铁额，食铁石……蚩尤氏耳鬓如剑戟，头有角，与轩辕斗，以角抵人"记载相似。按照古歌的记载，苗族造田先看水源及流向，在水源下方开田，以便随时取水灌田，因而发明了梯田。梯田间以水沟为脉，既可灌田也利排水，达到水耨和养鱼的目的。《苗族史诗·打杀蜈蚣》还叙述了梯田的营造方法：

苗族粮仓

　　开田要留路，

　　留路给人们赛马，

　　留路给人们抬轿；

　　开荒要留沟，

　　留沟让水流，

　　把水引到田里，

　　好在田里养鱼。

　　另外关键一点，在贵州而言苗族是迁徙来的民族，平地和水边早被原本的世居民族所占有。即使是苗族自己所开辟的疆土，由于战争和封建统治阶层的排挤，苗族生存空间不断缩小，加上人口逐渐增多，苗族只得居住到高山峻岭地区。开凿梯田，拓展生存空间，这是一个农耕民族被迫迁徙后唯一的文化选择。只有扩大土地面积，才能增加粮食产量，人们只得劈山为土，向山要地，向山要粮，一种独特的耕地体系——大规模的梯田、梯土就是这样在古代贵州逐渐出现的。山地农业亦随之而逐渐形成，并日益成为西南少数民族地区主要的经济

苗族粮仓

门类。云贵高原广大山区大多有苗族村落,尤其高山之上,分布更多的是苗寨。黔东南民间有句俗语:"苗家居山头,侗家靠水头,客家(汉族)住街头。"这就是苗族现实的写照。民族分布的立体结构,客观赋予了居住在高山之上的苗族开发梯田的历史使命。梯田文化,实质上也是苗族坚忍不拔、不屈不挠民族精神的一种外在显现。

苗岭梯田具有丰富的民俗学价值。黔东南地区建造梯田有许多讲究:一是造田时主要山脉不能挖断。山峰是龙脉的大动脉,建造梯田只能绕梁填弯顺山势走;二是梯田如果一直修造到山顶,则最高处的那块田,不能全部把山包挖平。苗语古话说:"改朝换代不杀王,山顶造田留山包。"苗族认为,山峰不论大小与高低,都是山神的头,所以最高处田的山包必须保留。三是苗岭梯田在水源分配、农耕历法、农耕祭祀等方面,形成了一系列议榔机制,构成一个有机联系的文化整体。例如在用水分配上,一般采用"田水时刻"轮班制。夏季遇到干旱,水渠受益户自发地组织轮灌,大多以一定的田亩数为一个用水班次,苗族称为"田水时刻"(有的叫水班),一般以12个时辰为一班,削一小木片或竹片为"田水牌","田水牌"传到谁家,谁家就下一轮用水。当班用水者须于自己用水结束前将"田水牌"传到下家,以免耽误下轮用水时刻。

榕江空申苗族在收割稻谷

　　苗岭梯田是苗族和谐生态价值观的体现。苗岭梯田生态呈现以下
特点：每一个苗寨上方，必然矗立茂密的森林，提供着水利、用材、
薪炭之源，其中以神圣不可侵犯的护寨神树和护寨神林为表征；苗寨
下方是层层相叠的梯田，那里提供着苗族生存发展的基本条件——粮
食。如果没有森林的保护，就没有丰富的水源灌溉梯田，也就失去了
苗族梯田文化赖以生存的基础。森林—溪流—村寨—梯田与人高度和

苗寨风光

谐，这种可持续发展的良性循环的生态系统很值得现代人研究和传承。

　　苗岭梯田作为人与自然巧妙结合的典范，是美的化身，具有很高的美学价值。梯田美景，四季如画。每年的四五月是梯田注水的季节，注水后的梯田会闪现出银白色的光芒，更凸显出梯田的婀娜曲折的轮廓。夏天的梯田，到处是一片青葱稻浪，犹如一条条绿色彩带迎风飘扬。金秋十月的梯田，由于海拔高低不同，同处于一座山坡的梯田，黄色由浅变深，形态各异，共同组成了一幅幅精美的图画。冬季，注水的梯田中夹杂着一些收割禾穗后的金色稻草和一些绿色的绿肥草，连同散落于田间宁静的苗家吊脚楼，又构成了一幅幅美丽的中国山水画。

● 苗江、苗船与苗疆独特的水上文化 ●

苗岭水系与水上文明

苗岭是长江水系和珠江水系的分水岭。逆流而上迁徙到都柳江流域和清水江流域的苗族，创造了丰富多彩的水上文明，《溯河西迁》的遥远古歌一直流唱到今天。

苗江，是湘黔桂"三省坡"南麓一条流入都柳江的小河，过去叫蒙（Hmongb）江。Hmongb（"蒙"）就是苗族的意思。苗族最早开发这里，江因此以族命名。后来，人们把苗族地区的大江也泛称苗江。"苗岭山下的清水江，历来山称苗岭，水称苗江，船也称苗船。"苗族从都柳江和清水江两条大河逆流而上迁徙到苗岭山区，在这两江流域创造了丰富多彩的水上文化。水车和水碾、苗船制作和行船技艺、龙舟节等等，构筑了苗族水上文化的一道道靓丽风景。清水江流域的施洞、旁海、重安江以及"内外三江"古村落，都柳江流域的八开、都江、排调等都是苗族水上文化遗存较为丰厚的地方。

一、水车和水碾

走进苗疆，溪流河岸常有悠悠转动的圆形水车，这种竹木制的大型水车靠河水带动旋转，将河水引上山坡的层层梯田。这种竹木制的水车在山区制作方便、简单，平常也不需人操作和管理。一部水车可灌溉十多亩稻田，狂风吹不倒，大水冲不走，既经济又耐用。水车把苗疆的山乡水色点缀得更加浓郁、古朴。说起水车，据苗族古歌，还有一个古老的故事：

苗族有一个始祖，名叫高潇，汉语是"水堰祖太爷"之义，传说他是第一个制造水车的先祖。灌溉用的水车和碾米的水碾，都必须要

水车

在河道边砌水堰引水来驱动，所以他才有了"高潇"这个名字。据说苗族迁徙离开祖地时，他没有随行而是留守故土。苗族迁徙到一个叫"雍高斗"的山隘，有只巨大无比的蛙魔王挡住了前行的道路。人们敌不过守关的蛙魔王，只好返回故乡请教高潇老人家。后来，人们依照高潇传授的技术采矿和炼铁，锻造钢叉和铁刀，杀死了蛙魔王，才得以继续西迁。一天晚上，高潇睡不着，因为那晚上他的水堰流水不潺潺作响、水车不嘎嘎发叫，甚感奇怪。当他举着火把去查看时，才发现是被儿孙们宰杀的蛙魔王的一条腿顺水流漂到这里，把他的水车给挂住了。高潇见状大喜，从此他推断：儿孙们已经战胜蛙魔王，继续往西方寻找幸福之乡去了。

　　一般认为，大约在公元 100 多年，我国就发明了用水力转动的灌溉田地用的水车。这种水车，受水力的冲动，能使水不息地流到田地里。大约在公元前后，我国就发明了利用水力春米的机械——水碓。难道贵州的水车和水碓制造和使用技术，是苗族在不断迁徙的历史进程中最早从中原带到贵州来的吗？水碓在雷公山地区有两种：一种不用齿轮传动，一种用齿轮传动。不用齿轮传动的水碓，多半是在水力资源较好的寨子安装，其结构为碾子、碾槽、水车和臂架。水车装在立轴下端，立轴上端装一横臂架，臂架上装两个套环，套住辗子转轴，水力冲动水车后，带动立轴转动，立轴上横臂推动碾子向前滚动。用齿轮传动的水碓，结构为碾子、横臂和立轴。与不用齿轮传动的水碓相同，立轴下端装一木制齿轮，水车一端装一木制齿轮，与立轴齿轮垂直相扣，水力冲动水车后，带动水车横上的齿轮，进而带动立轴，推动碾子向前滚动。水碓一般每小时可碾谷一挑半左右（50～70公斤）。为防雨淋，水碓上修木房，称为碾房。碾子和碾槽，大部分系苗族石匠制作。

水碾

风谷机

二、苗船和苗舟

Bib dail Hmub sux hvib,	咱蒙人聪明，
Bib Ghab Nes vas xangs,	咱嘎闹技高，
Mongl tid laib niangx jib,	去制杉树船，
Mongl tid laib niangx yud.	去造构树舟。
Dail Gud ax sux hvib,	固人不聪明，
Dail Gud ax bub xangs,	固人不懂技，
Mongl tid laib niangx khab,	去制青枫船，
Mongl tid laib niangx wus.	去造榉树舟。
Dad niangx mongl yangs xil,	拿船试划桨，
Dad mal mongl yangs zangx,	拿马试跑坪，
Niangx jib niangx yud fub,	杉树船构树舟浮，
Niangx khab niangx wus dangx.	青枫船榉树舟沉。

　　这是苗族贾理中记载的一段史实。很早以前，榕江未建城池，也没有人居住。苗族的"固""蒙"两个部族支系迁徙快要到这里时，

苗船

为争夺这块地方，争先恐后造船赶路。"蒙"善造船，"固"不善造船，但是"固"使诈偷"蒙"的船，先到达榕江。这个故事说明，苗族造船的历史已经很久了。

关于苗族造船和行船的历史，苗族古歌中也能找到这方面的佐证。苗族祖先来到一个叫深水潭的地方后，就开始造船：

Lol lol jus deix lol,	来啰来啰真来啰，
Lol wix ghangb jid dad,	来到长长的深水潭，
Put nox eb sad hsed,	潭水清清颜色暗，
Ait nongd ait deis ait?	怎么能渡过？
Qeb dangx dol xit hot,	快叫大家来商量，
Hsangb liangx gid xit hmangt.	商量了一个夜晚。

Ait nongt nongf zeit yes,	这得要造船，
Xix niangx ghad bat mais,	木舟凿上百把只，
Qab lol ghab bat mais,	渡过百把个妈妈，
Ghad hsangb nal jit jes.	把上千的爹娘送到西方。
....	……

清水江为沅江上源，干流在都匀一段称剑江，汇入重安江后称清水江，入湖南后称沅江。沅江上源的"五溪"，春秋战国时期即已通航，到明代仍然使用这一水道。清雍正七年（1729），云贵总督鄂尔泰在"西南改流"过程中，为了打通苗疆，运兵运粮，令都匀、镇远、黎平三府分段治理清水江，并疏通巴拉河。清乾隆三年（1738），贵州总督张广泗奏请修整干流航道及纤道，以后又疏浚黎平境内的亮江，船只可行至上游支流重安江。

在朝廷治理清水江水道前，居住在清水江流域的苗族，因地制宜，创造了一种叫苗船的水上运输工具。苗船形制特异，尾部窄长而上翘，船体瘦长，底盘为弧形，操纵灵活，自重轻，吃水浅，下滩时在船舷两边捆扎芭茅草防撞，看上去很像飞翔的麻雀，所以又被称为"麻雀尾"。苗船，过去在都柳江上也非常普遍。都柳江上的苗船又叫"清江船"，据《三合县志略》载："光绪年间，船分两种：一为清江船，其船头尖，其船尾直，状若墨鱼形，以其操舟者多清江台拱一带人，故名清江船；一为古宜船，其船头船尾方形，类撮箕口，舟子多属广西古宜人，故名古宜船。"可见，苗船的制造和行船人主要是苗族。

苗船过去主要集中在黄平、台江、天柱、剑河、锦屏制造，尤以锦屏河口的南路村船匠打造的船只工艺最为精湛。上好的苗船造船木料一般用青枫、松木、枫木等，普通苗船一般用杉木制造。随着清王朝打通和治理苗疆水道，苗船制造技术也得到了一定的发展。苗族开始制造载重两吨以上的小货船和小渔船。为了适应造船用钉的需要，某些地区的打铁业也随着发展起来。如凯里湾水的阳排村，就有相当多的人家专门从事打铁，主要供应造船用的铁钉。

清水江上行船放排的苗族，有自己专门的保护神——水郎神。传说水郎神本姓杨，所以清水江流域的水神庙又叫杨公庙。水郎神本是湘黔交界黔阳托口一个苗族老船工的后代，因起兵造反失败而亡，遂化神祇，专门保护清水江上行船放排的百姓。清水江沿岸过去普遍崇拜水郎神，沿河码头和较大村落都建有青木宫（或杨公庙）供奉。据天柱和锦屏当地传说，黔江托口杨公庙为总庙，锦屏茅坪的杨公庙为庙首，一直管到清水江上游各条支流。茅坪杨公庙之所以作为庙首，是因为其位于"内三江"（锦屏县茅坪、王寨、卦治）与"外三江"（天柱县清浪、坌处、三门塘）之间，地理位置险要，总"三江九溪"之门户，扼内江、外江之咽喉。通过清水江这条黄金水道直接连通长江水系，明清时期在封建王朝的推动下，依靠流域内漫山遍野的木材资源，形成享誉中外的木材市场，商贾云集，木材贸易盛极一时。如今，天柱县一些乡镇，每年正月初二，从早到晚，杨公庙前祭祀人群络绎不绝。这天，远口街民往往还抬"杨公老爷"偶像游街串寨，每户门前摆设猪头、雄鸡敬供，鸣炮迎送，隆重虔诚。

从事水运的人，行船或放排之前，都要先到水郎神专祠的青木宫或杨公庙祭祀。香案上祭祀用的"刀头"要用生猪肉，猪头连毛都不能刮。如果用鸡祭，必须是活公鸡，在殿前当场宰杀供奉。船家、排夫祭祀水郎神，是为了在日常下河捕鱼、货物运输、木材放运过程中得到水郎神的佑护，达到趋吉避凶的目的。江上行船放排，最忌"翻、覆、散、沉"之类话语，斗笠、雨伞称"雨盖"，斧子称"猫头"。正船头或排头一块为早晚烧香祈祷之处，早上烧纸钱时若纸钱飞扬，则忌开排行船。

船头、排头忌大小便。渡船或行船，忌孕妇由船头上船，犯忌则要停航停渡。

苗船

由于苗岭山区河流航道多石，滩险水急，逆水行舟时，拉纤是行船的主要方式，于是便有了数船或数十船结为"伙帮"，彼此互助过滩的习俗。《小方壶斋·舆地丛钞·苗疆水道考》说："上者必合十余舟伙帮而进""缆夫数十人蚁行于石角树根之前，一舟既上，更过一舟；故舟行计程潭中日数十里，遇险滩则不过十数里。"若遇上很险或很浅的河段，则采用"起滩"，即把大部分货物用人力搬到岸上，待船过滩后，再搬回船续航。在组建"伙帮"时，船只的数量因河因船而异。"伙帮"是航行中相互需要自然形成的相对稳定的集体，不仅上滩拉纤互助，在揽货、处理海事、防盗防劫以及生活照应等方面也相互依靠，相互支持。

三、苗族水上文化的精华——龙舟节

龙舟节是清水江流域施洞地区苗族的传统节日。过龙舟节这几天，人们身着节日盛装，从各个村寨汇集于清水江畔。参赛的龙舟都装饰得美观大方，列队排在河面上。划船健儿，个个全神贯注。一声令下，龙舟像离弦的箭，向前冲去。两岸的观众，不断地为健儿们加油，真是热闹非凡。龙舟赛一结束，青年男女马上开始伴随着木鼓的节拍，尽情歌舞起来，同时还进行 yex fangb（游方）活动。整个节日期间充满了欢乐、热闹的气氛。

关于苗族龙舟节的起因，有一个古老的传说。很久以前，在清水江的小江河边老屯寨有一名叫保的人，其儿子叫

台江施洞龙舟节

台江施洞龙舟节

台江施洞龙舟节

九保。九保随父捕鱼，被恶龙拖下水吃掉，保潜入水中放火烧了龙洞，把恶龙烧死。烧龙洞的烟弥漫清水江，弄得整个地区九天九夜天昏地暗，鸡不见亮啄米，马不见亮吃草，人不见亮走路。有一妇女带着一个小孩摸黑去河边洗衣，天真的小孩拿扁担一上一下地在水里打着玩，嘴里不停地喊："咚咚咚！咚咚咚！"喊着喊着烟雾就散了，天就亮了。后来，就划龙舟使天永远明亮。从此以后，附近的苗族地区就形成了一年一度的龙舟节。

清水江苗族的龙舟，全系高大的杉木或桐木独根掏空而成。中间的一只长七丈，为母船；两边各一只，长五丈，为子船。下水前，将三只并列，捆成一排，曰"母子船"。安有一对弯弯水牛角的五彩龙头昂然船首，其状如清徐家干《苗疆闻见录》所载"（苗人）好斗龙舟，岁以五月二十日为端节，竞渡于清江宽深之处。其舟以大整木刳成，

台江施洞龙舟节

长五六丈，前安龙头，后置凤尾，中能容二三十人。短桡激水，行走如飞"。清《镇远府志》也说："清江苗人于五月二十五日作龙舟戏，形制诡异，以大树挖槽为舟，两树合并而成，舟极长，约四五丈，皆站立划桨，险极。"

竞赛时，指挥人坐在母船上，划船的人分站在子船上，指挥人用锣鼓声指挥行船。近午，各村的几十条龙舟汇集江面上，锣鼓喧天，岸上人山人海，熙熙攘攘，好不热闹。竞赛开始，龙舟似离弦的箭，岸上群众欢声雷动。赛完龙舟，河坝上就展开了踩鼓舞等活动。节日之夜，歌舞活动仍在继续进行。小伙子和姑娘可以和意中人自由对唱，倾吐衷情。直到夜深，他们还久久留恋，不肯离去。

苗族伐木制舟的过程很讲究，在选中造龙舟的大树时，要用一升米、一点酒、肉，烧香放鞭炮祭树，请祭祀长老念经，祝贺树木成龙，并用麻和红布将树捆上，然后才开始砍伐。可见，在苗族的心目中，本来是平常的树木，一旦选中，就被认为成了"龙"，具有"神"性，这样的树木就可以用来建造龙舟了。

● 吊脚楼高欲透风 ●

干栏春色晓迟迟，
跳月场开上巳时；
云外歌声花外貌，
惹人哀怨动人思。

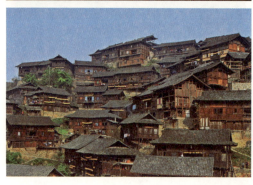

苗族吊脚楼

这是清代一首竹枝词，描绘了苗族少女早春二月，婀娜多姿倚靠在吊脚楼中，即将出行参加芦笙节活动的幽美意境。苗族吊脚楼的特点，一是正面前排木柱不落地，从中柱和过梁处挑以方木支撑，好似吊悬于空中。吊脚楼一般依山就势而建，多为两层木构架楼。二是通风防潮。正如清代一位诗人说的那样："斑茅花放瘴多逢，吊脚楼高欲透风。"苗族吊脚楼，既可防瘴疠，又可止野兽毒蛇的侵害。三是使用功能的多种多样，内外空间的充分利用，组合结构的牢固合理。四是营造只有一般通则，没有严格的尺寸规范，形式、尺度往往根据具体的地形、功能、宅主要求等因素而变化无常。同时，吊脚楼为木质结构，不用一钉一铆，均为穿斗式木构架体系，有较多榫卯拉结和柱枋穿插，各层穿枋既起拉结作用，又起承重作用。因此，苗岭地区才流行这样一首民谣："山歌好唱难起头，木匠难起吊脚楼，石匠难打铁磨子，妹你变心难回头。"

苗族吊脚楼的缘起，还有这么一个传说故事：

　　从前有一个孤儿，名叫九格。他勤劳善良，生活却非常清贫，家中什么也没有，只有一口养鱼的水塘。水塘清凉透明，吸引了天上七仙女下凡来洗澡嬉闹。九格见第七个仙女非常美丽，便偷偷将其衣裙藏起，使其上不了天。仙女名叫贞福，她和九格成婚，并生下一个男孩，取名姜九格。姜九格长大后，父母带他到天庭拜会外公外婆。外公外婆不喜欢凡人与他们成婚，于是害死了姜九格的父亲。

　　母亲担心姜九格也难免遭毒手，于是织了一匹很长很长的布，把姜九格从天上放下来。母亲说："你一到地上，就摇摇布匹，我就知道你回到人间了。到时我把布匹剪下来，将来你也好给自己做衣服穿。"没有想到，姜九格才缓缓降落到谷仓顶上，被一只飞虫咬了一下。他忍不住挥手拍打飞虫，不小心摇动了布匹。天上的母亲以为孩子已经安全落地，于是一剪刀剪断布匹，姜九格一下从谷仓顶掉到地上，摔断了一条腿，成了瘸子。

　　姜九格无依无靠，只好给人放牛为生。无聊时，便用茅草秆依照天上宫阙的样子修小房子玩。那时人间还没有房子呢，于是人们请姜九格做木匠，用杉木建造起世间的第一栋吊脚楼。人们都说，姜九格是苗族的第一个木匠，苗家的吊脚楼是他从天庭偷艺学来的。木匠的尺子为什么是丁字尺呢？因为姜九格是个瘸子，后世为了纪念他，木匠的丁字尺就是照着他那条瘸腿的样子做的。

　　根据苗族迁徙史诗记载，苗族学会建造吊脚楼后，规

苗族吊脚楼

格和形制还是比较乱的。黔东南苗族迁徙到都柳江流域一个叫"三间屋"的地方，一个叫"柳"的长老牵头，在这里就苗族建筑的规制和式样进行一次议榔，苗族吊脚楼"屋开三间，左中为贵"的建筑制度就此基本形成定式。

"三间屋"苗语叫 diux bib qongd zaid bib jis（"丢巴穹宅巴吉"），是因为苗族在这里举行建筑三开间形制的议榔而得名。所谓"屋开三间"，即是指吊脚楼基本都是四榀三个大开间的格式，中间大开间是堂屋，左右开间是卧室；"左中为贵"指的是三开间的屋

建房

柱中，以堂屋左边的中柱最为尊贵。修造过程中的伐木、发墨、穿枋等仪式，都以这根屋柱为主角。房屋修建好后，祖先的灵位一般就安放在这根屋柱的柱脚边，为家庭成员举行添寿祭仪的花树以及鼓藏节祭祀祖先用的鼓藏牛的连体牛角，都安放在这个位置。

由此观之，吊脚楼的堂屋，是全宅的中心，是住宅的交通枢纽，可以进到各个房间。堂屋具有象征意义，是家庭最神圣的地方。每年过节和家里有喜事都要在堂屋祭祀祖先。堂屋还有生活使用功能，兼作

吊脚楼走廊

起居和社交活动的场所。逢年过节、婚丧嫁娶、接人待客等都在此进行。堂屋还可兼做家务和生产活动场所。

堂屋前檐下装有靠背栏杆，形成一个木制阳台——这就是著名的"美人靠"。"美人靠"既可凭高远眺，又可休憩养神。宽敞明亮楼廊上的"美人靠"，主要是苗族姑娘做针线活和梳妆打扮的地方。据说，在"美人靠"上靠一靠，谁都会越来越年轻漂亮。

● 苗拳、苗刀与苗枪 ●

............●
苗刀

　　苗拳是苗族传统武术的总称。据 1984 年对贵州省武术挖掘整理调查，不同风格和结构的苗拳套路有 100 余种。贵州苗族传统武术流行较为普遍，尤其是松桃苗族自治县坪块乡麻旦村，凯里市鸭塘镇青虎、青曼乡青冈，雷山县开屯乡，麻江县龙山乡秧塘，剑河县革东镇五河，安顺市七眼桥镇小关口、凉水井以及三股水苗族乡，普定县补郎苗族乡等，都是著名的苗族武术之乡。苗族武术的主要风格和特点是：朴素，重实用，手法短，腿法少；重闪展，变化多，活动面小；动作紧凑，拳型古老，兵器原始，使用方法多。较有代表性的有流传于凯里、黄平一带的张家拳，丹寨、雷山等地的杨家拳，安顺的王氏苗拳等。近年来，黔东南还把凯里市鸭塘镇青虎村"高桩六合拳"拳谱整理成教材，纳入民族文化进校园的主要内容。

　　贵州苗拳历史悠久，在明清时期，黔东南一带的苗族被称为"九股苗"。清乾隆《贵州通志》对苗族精于武功的情形作了详细的描述："九股苗性尤剽悍，头戴铁盔……身披铁铠……尚能左执木牌，右持标枪，口衔利刃，提走如飞……前明播州之乱，为杨应龙羽翼，虽调兵十数万诛灭杨应龙，而独九股苗未剿灭。"苗族历代武林高手层出不穷，如石柳邓、张秀眉、杨大六、陶兴春等，都是著名的苗拳大师。据传说，张秀眉正式起义前，还专门到号军刘义顺处投军学艺。开始他是在刘义顺部下潘三王那里当伙夫。他起早睡晚，工作勤劳，并留心学习武艺，很快练就了一身过硬本领。他武艺高强，力大过人。有一次潘三王带领的一支义军与清朝官兵在麻江的大良田遭遇。双方旗鼓相当，势均力敌，连战终日不分胜负。潘三王最后下令：有谁上阵破敌即封为元帅。张秀眉自告奋勇，愿意打头阵，但嫌诸将领的镖杆都太轻，没有合适自己用的。

上刀山

潘三王立即将自己所用的三个人才抬得起的镖杆送给张秀眉。张秀眉遂上阵厮杀，几个回合，就连斩清军三将于阵前，一鸣惊人。潘三王大喜，立即封他为大元帅。

苗族武术在历次苗族起义中获得了不断的发展。清嘉庆年间，清廷特别批准了一个叫傅鼐的官员提出的"因苗地，用苗技"的建议，在贵东和湘西苗族地区修筑苗疆边墙，用苗技屯军，聘苗族武术师为教官，"以苗技制苗人"。这也从侧面证明苗族武术高超。到清咸丰至同治年间，湘军著名将领胡林翼任镇远、黎平知府时，专门组建以苗族为营伍的"苗练"，用来应对此起彼伏的苗族起义。清乾隆《贵州通志》记载："先是，有随同胡林翼赴湖北之苗练先后回籍，溯清江河行进，以拳术号召。党徒中有名闹带者，尤狡黠，清、台诸逆苗咸奉若神明。四年十一月，台拱同知张礼度捕闹带戮之，并拘其徒，

雷山西江

镰刀剃头

众皆反侧，逃匿于清江昂英、昂宿各处，乱谋益亟。"文中说的"闹带"，就是雷公山地区历史上有名的苗拳大师。闹带死了，但是随同他参加"苗练"南征北战的李鸿基、杨大六等人却成了张秀眉的部将。这些人在参加"苗练"期间，"往来各营垒间，既稔知官兵之无济，又习于什伍进退，以自精其技"，成了咸丰至同治年间苗族起义的重要军事骨干。

苗刀，是中华武林中的著名兵器，也是苗族的著名兵器。清代的陈沆、梁履绳、梁玉绳、孙廷权等都先后写有《苗刀歌》诗作，来赞誉苗族的这种神奇兵器。真正意义上的苗刀具有如下特征：

第一，苗刀刀刃多为二寸宽，三尺见长。陈沆的诗句"蛮奴手持三尺刀，为我拂拭生寒涛"和孙廷权的诗句"此刀出匣三尺水，吴潭素练翻秋涛"，对苗刀的长度描述是一致的。

第二，苗刀的功能主要用于礼仪，用于战争乃是不得已而为之。礼仪用刀主要是三个方面：一是在婚礼上用使用，迎接新娘的途中，一般由新郎的兄弟持刀护卫；二是在葬礼上使用，在殡葬途中由一孝子持刀护卫，在落土安葬前由祭祀长老持刀举行安葬仪式；三是在祭祀大典如鼓藏节上使用，由祭祀长老持刀护卫祖鼓，或由祭祀长老的助手持刀宰杀祭祖用的鼓藏牛。清代张澍的《续黔书》"苗刀"专条载：

"苗人制刀，必经数十锻，故铦锐无比。其试刀，尝于路旁伺水牛过，一挥牛首落地，其牛尚行十许步才仆，盖犀利之极，牛猝未觉也。"苗刀原本是祭祀仪刀，专用于祭祀仪式的宰牲。由于不懂苗俗，所以有些官吏还十分疑惑，"纳地久降诸峒长，尚存苗种悬苗刀"。意思是说都归顺朝廷了，怎么这些苗民还老是腰配苗刀。苗刀用于战争，对于被压迫的苗族来说，实属无奈之举。

第三，苗刀历史悠久，在黔东南苗语中有一个古老的专用词——dangd（"荡"）。在雷公山下有不少苗寨以之命名，如郎荡、乌荡、虎季荡等。这些寨名均是当初苗族先祖持刀在此开山建寨而得名。在苗语惠水次方言、贵阳次方言、枫香次方言中，长刀均读作"铛"，与黔东南苗语同音同调。北宋沈括《梦溪笔谈》载："唐人诗多有言吴钩者。吴钩，刀名也，刃弯，今南蛮用之，谓之葛党刀。"南宋朱辅的《溪蛮丛笑》"仡党"条载："出入坐卧必以刀自随，小者尤铦利，名仡党。"语言学家认为，"葛党"或"仡党"，均为苗语的音译用词，"葛"（ghab）是苗语常用词头，"党"即"荡"（dangd），长刀也。

现代，苗刀又称为环刀或环首刀。从早期的各种《百苗图》抄本，

苗枪

可以看到苗族男子均随身佩刀。这种刀具刀身细长，刀柄的顶端有一硕大的圆环，刀身与刀柄之间有窄长的护手。由于这种刀具的刀柄有硕大的圆环，考古学家将其通称为"环首刀"，并根据出土的范围认定，这类佩刀主要用于我国西南部的山区丛林地带。苗刀基本上都是直刃长刀，但是如果在铸造时将直刃的刀尖往内弯曲，则成了苗刀的另一个种类——钩钩刀。这样，以劈、刺为主的苗刀就延展成以砍、刺、拖为一体的钩钩刀，使用起来方便灵活，两三个对手不能近身。过去流传的"不怕枪，不怕炮，只怕苗家钩钩刀"民谣，让腐败的封建官吏无不闻之丧胆。

　　清人梁履绳《苗刀歌》言："鸣声铮铮示余勇，锋芒不顿价增重，苗人爱刀不去身，腰间展跃如有神。"苗刀是苗族男子的象征物，是英雄好汉的标志。16岁的苗族男子必须佩刀，佩刀是一种成人的标志。清乾隆《贵州通志》记载："九股苗所用之利刃，名曰双环刀……造刀之法，子初生时，各亲家送铁一块，匠人造成粗样，埋入泥沟，每年取出炼一次，至十六岁方成刃口……磨而不灭，宰牛杀过而不滞。"民国《贵州通志·土司·土民志》"黑苗"条引《黄平州志》载："男子初生时，三朝用秤称若干重铁，数如之。当日用火炼过，埋土中，每年生辰取出，炼而埋之。至十五岁，将前铁打成刀佩之，谓之苗刀。最锋利。"苗族老人即使死了，也是刀不离身。从江县加勉一带的苗族，送葬时亡者必须佩带长70公分许的大马刀一把，苗语称为 dangd maf hsongd（"当骂送"），即是"砍路刀"之意。出丧时由一男子将刀举起，走在前面，入棺时将刀插入匣内，放在死者腰部左侧同葬。"刀"陪葬的意义，据说，当死者往一个叫"加尤"的地方去"踩歌堂"，路过叫"松花讲"的地方有虎拦路，刀是给他们打杀老虎用的。

　　下面再说说苗枪，过去一首描绘黔东南苗族持枪狩猎的清代竹枝词这样写道：

　　　　　桶裙皮裹虎斑斑，
　　　　　山子相携约撵山。
　　　　　群鸟纷纷云外堕，
　　　　　飞枪应手响连环。

　　诗歌将苗族的服饰、生活习性及高超的苗枪狩猎技艺形容得栩栩如生，读后犹如身临其境。过去，一个标准的苗族汉子，除了腰佩苗刀，还必须肩扛苗枪。《贵州通志·土司·土民志》转引《清平县志》载："其火枪环刀二械，各寨苗人俱有。"清代负责苗防事务的地方官员傅鼐向清廷报告，他一次就在湘黔边区苗疆收缴枪械41 000余件，并选择其中精良的6 260件配备给官方的练勇屯丁。由此可见，苗族男子几乎人人持枪的文献记载与实际基本吻合。苗枪与绿营兵的营枪和民间鸟枪比较，其差异主要体现在以下诸方面：

　　第一，苗枪的制造历史悠久。据苗族口碑资料和宋元以来的史志记载，宋元苗军已经掌握火药制造与使用，元末苗帅杨完者率10万苗军与明军作战中，苗军就使用了长枪及弹药。苗枪的使用是建立在火药生产基础上的。湘西苗语称枪为pox（"坡"），称火药为"嘎坡"。"嘎"即药，"坡"即枪，"嘎坡"即为灌在枪中的火药。黔东南苗语也称枪为pot（"坡"），称火药为jab pot（"佳坡"），直译为火枪药。这证明苗语对火药和枪都有自己的名称，不借用他民族的语言。从语言学的规律来看，苗语对火药和枪的称呼不是汉语借词，证明它是苗族自己发明创造的。据黔东南《婚嫁史诗》，早在女子坐家男子出嫁时代，苗族就学会了制造火药，苗族发明火药最初不是作枪用，而是作开山炸岩、修造梯田用。传说中对苗枪的描述也很早，《细脖子斗老虎》说，原始时代，老虎怂恿耕牛不要听"细脖子"（指人）使唤。牛说，只要老虎斗过"细脖子"，就不再任"细脖子"使唤耕地。聪明的"细脖子"对老虎说，咱们抽支烟再比试能耐。"细脖子"对老虎谎称苗枪就是烟管，

苗枪

苗枪

于是恭请老虎先抽烟。"细脖子"笑嘻嘻地用火绳点"烟"，老虎随着一声枪响扑地而亡。

第二，苗枪制造精良，远比绿营兵的营枪先进。清陆次云《峒溪纤志》及《镇远府志》载，黔东南一带苗族所造的鸟铳，俗名"过山鸟"，"能打越重山"，"铅子重八九钱，着人立毙"。负责苗防事务的地方官员傅鼐对苗枪认真研究后认为，苗枪"比营枪长一尺余，制作极精，膛引门，俱为法度……最能击远"。于是向朝廷建议，朝廷也应"仿造苗枪，立上中下三的以习仰击俯攻"。兵器的品质是决定战争形态的重要因素，其中一是文明档次，二是优劣态势。让人难以置信的是，苗族在兵器方面的优势，迫使高高在上的朝廷也低下头来接受傅鼐的建议，收缴或仿造苗枪装备朝廷军队，学习苗技训练营伍。清咸丰至同治年间，被聘为川军教习的英国商人麦士尼（William Mesny）对苗枪的制造技术和制造水平，更是称赞有加。1872 年，他把两把苗枪送给当时英国驻沪领事麦华达（Walter Medhurst）。这两把苗枪后来一把被英国皇家亚洲学会博物馆收藏，一把被送到一家理工学校研究。据麦士尼《华英会通》记载，包大度等黔东南苗族起义首领的苗枪，枪箍和枪托装饰均为银制，精美无比。这种苗枪只有苗族高级将帅才能配用。

由于"苗人火枪最难提防"，于是清廷多次采取收缴苗族枪械措施，有时甚至以高价奖赏的方式来进行。傅鼐曾颁布这样的行赏令："遇有警动，各丁奋勇堵御，杀贼一名，赏银五两；生擒一名，赏银十两；夺获妇女一口，赏银二两；牛一头，赏银一两；衣服一包，苗枪一杆，赏银十两。"清康熙四十二年（1703），朝廷批准的《戒苗条约》中强调禁止苗族持有枪械："如有持刀枪行走者，即系逆苗，拿获定行诛戮。"清雍正六年

（1728），鄂尔泰不仅奏准不许苗族带火枪，连冷兵器刀箭都在禁止之列。贵阳甲秀楼前原立有两根"记功"铁柱，一根就是清雍正十年（1732）鄂尔泰镇压古州（今榕江）苗族起义，收缴苗枪苗刀铸造成的。柱铭说："帝德光被，臣功赫煜，八万古州，生苗帖服，容干销戈，铁柱蠹蠹，表烈垂谟，载瞻载肃。"柱铭极力歌颂朝廷的伟业和自己的丰功，并吹嘘说铁柱是用收缴的苗族兵器铸成的，铁柱高耸，可以警告苗族，从此不许乱说乱动。

为了对付苗枪，清廷官员和西方军火商沆瀣一气，大肆购买洋枪洋炮并聘请英国人为教习。唐炯伙同英国商人麦士尼带领川军深入苗疆，对苗族进行大规模的镇压。唐炯洋洋自得地说："洋枪之所以得力者，以施放时无须火绳烘药，即大风大雨皆可施放，比苗枪远过数百步，以之攻剿，诚为有益。"月薪150两的麦士尼，不满足于充当幕后教习，虽然多次请求充当营官未获准许，但是他还是每战都请战上阵，多次操纵洋枪洋炮枪伤害苗民，犯下不可饶恕的滔天罪行。

苗枪

● 苗医苗药 ●

  我国第一部本草学专著《神农本草经》，专家考证后，认为用苗语记音的药物所占比例还不少。明李时珍《本草纲目》一、二册即收载苗药44种，与苗药音近义同的药物20余种。《本草纲目》还记述了苗族用药的某些习俗，如"菖蒲"条下有"……黔蜀蛮人常将菖蒲随行，以治卒患心痛。其生蛮谷中者尤佳，人家移种者亦堪用，但后辛香坚实不及蛮人持来者。此皆医方所用石菖蒲也"。

  学者论苗医苗药，必引汉刘向《世说新语·说苑·辨物》中的一句话："吾闻古之为医者曰苗父。苗父之为医也，以菅为席，以刍为狗，北面而祝，发十言耳，诸扶之而来者，举而来者，皆平复如故。"意思是说，苗父巫医一体，他行医时，用菅草作垫席，用刍草扎成草狗，面向北祷告，只说十个字，那些搀扶来的病人，抬着来的病人，都平愈复原跟好人一样。著名历史学家范文澜说："这个苗父就是黎、苗族的巫师，巫师治病主要是祈祷禁咒术，但也逐渐用些酒、草等药物。"中国民族医药学会会长诸国本说："我认为，这里也确指苗医的祖师。

回娘家

回娘家

对上古时期的医巫不分，医出于巫，我们做晚辈的都毋庸讳言。"

　　与汉族以及其他民族医药相比较，苗医苗药具有以下比较明显的特征：

　　第一，单方为主，复方为辅。用药上主张"立方简要，一病一方"。苗族民谣说："一个药王，身在四方；三千苗药，八百单方。"这是对以单方为主的苗药的形象概括。苗医方剂来源于实践经验，许多单验方是祖传或师传秘方。据《松桃卫生志》载，苗医单验方频多。苗族民间治疗三病（闭经、子宫脱垂、浮肿），单验方达 260 个。1965 ~ 1972 年，苗族民间献方献技，汇编成册的单验方有 3 558 个。1956 年贵州省卫生厅编的《贵州中医验方秘方》收集以苗族为主的民族民间药方 3 496 个。近几十年来，通过对苗族聚居地区苗医苗药的广泛深入调查、

"千年苗医，万年苗药"

　　苗医源远流长，博大精深，自成体系，尤以其内病外治的疗法闻名中外，成为民族医药的一枝奇葩。苗药主要是指在苗族聚居的苗岭山脉种植、生长的中草药材，是我国中药材的有机组成部分。苗医苗药已经有三四千年的历史，民间有"千年苗医，万年苗药"之说。

整理与研究，据目前不完全统计，常见苗药有 2 000 种左右，最常用的
苗药有 400 种；有不少苗药已载于全国性或地方性民族医药等有关专
著，如《中国民族药物志》第 1 卷（1984 年）收载苗药 40 种和第 2 卷
（1990 年）收藏苗药 30 种，《苗族药物集》（1988 年）收载苗药 163
种，《贵州少数民族药物集》（1989 年）收载苗药 91 种，《苗族医药
学》收载苗药 340 种，《贵州中药资源》（1992 年）收载以苗药为主
的贵州民族药 197 种，《贵州苗族医药研究与开发》（1998 年）收载
按国家有关规定再评价并批准为贵州药材地方标准的苗药 165 种，《中
国苗族药物彩色图集》收载苗药 368 种，等等。

　　第二，医巫结合，医武结合。从现代角度观察，巫与科学两相对立，
水火不容。可是人类的早期对此认识则不尽然，仔细分析苗族的巫医
文化，就会发现二者的内在联系。医师即使不是巫师，可用药时仍附
以巫术，增添用药的神秘性和神圣性。苗医出诊前，大病必须在家祭
过药王大仙，采药、下药、送药均有相应的仪式。苗族信巫，在药治
的同时驱鬼神，增强患者战胜疾病的信心，使药效发挥到极致。一些
患有不治之症的患者，因为苗医的到来增添战胜疾病的信念，即使所
谓的不治之症不治而愈或延长了生命。可见苗药医巫结合的心理疗法
功能还有待进一步研究和探讨。医武结合，也是苗医苗药很独特的一
个方面。苗族有医武结合、劳武结合的优良传统。在近代多次苗族起
义及民族革命战争中，都出现过众多既有精湛医术，又有高强武艺的
苗族武师、医生及医药救护队。据调查，凡武功见长的苗医，多在治
疗跌打损伤及刀枪伤上有绝招。滇东、黔西北、黔中等地苗族擅长射
弩狩猎，又多会治风湿及跌打损伤。贵州苗族地区都有一些世代相传
的医武结合的武术之乡，如麻江县翁东村、安顺市西秀区的岩腊乡及
三胶水乡、凯里市的青虎寨、松桃苗族自治县的麻旦村等。苗医很多
别具特色的"体育疗法"，结合形式多样的传统文化娱乐活动，既活
跃了人们的日常生活，又起到了防病治病、强身健体的作用。

　　第三，炮制简单，注重疗效。由于苗族历史上是一个灾难深重的
民族，迁徙游耕不定，生活条件差，没有专门的医疗机构，所以药物
多半现采现用。正是由于常用"性烈""味浓"的鲜药，因此疗效往
往反而比较明显。普通药材从山中采回，烘干即可使用；名贵药材，
加工方法也是简单粗放，如随身佩带法、随身携带法、夜露法、制霜法、

石灰水浸法、灶火灰浸泡法、酒浸法、童尿浸泡法、捣碎晒干法、磨粉法等，既简单又易行。苗医不仅药材制作简单，配方也灵活多变。苗族多居住在高山旷野，药源广、品种多，同类型药到处都有，随便取三五剂，数量视病人年龄、病情轻重而定，都能奏效。这种根据药物、形态选定用药的方法，既有苗药特点，也有科学依据。"糖药针剂"就是苗医常用的一种古老特殊又很有疗效的剂型，由多种具有止痛、祛风、消肿等功效的苗药加工制成稠膏，配合针刺法治疗风湿疼痛等疾病。"糖药针剂"源于古代苗族狩猎用的弩药。《宋史·蛮夷列传》

走亲

载："（蛮夷）其保聚山险者，虽有畲田，收谷粟甚少，但以药箭射生，取鸟兽尽，即徙他处……善为药箭，中者大叫，信宿死，得邕州药解之即活。"至今，苗族仍有狩猎习惯。古代苗族除应用弩药狩猎外，还将弩药用于治疗疾病。苗族在应用弩药的漫长过程中，为适应治病的需要，有意减去其剧毒成分，加入蜂蜜等降低药物毒性，用特制的"排针"等蘸药刺入患处，操作简便，药效迅速，疗效确切，副作用小。这是起源于苗族先民狩猎活动而发明的外治疗法和苗药剂型，是一个了不起的创造。直到现在，贵州关岭布依族苗族自治县、镇宁布依族苗族自治县和紫云苗族布依族自治县等地的苗医，尚应用此法治病并几乎走遍了全国各地。

　　新世纪以来，苗医苗药迎来了新的发展机遇。2002 年，154 种载入贵州地方标准的苗药上升为国家标准，苗医苗药走出深山，走向全国，走出国门。2003 年 11 月，贵州省药品监督管理局和中国民族医药学会、贵阳中医学院等部门在龙里县共同主办了首届贵州龙里苗医药文化博览会暨全国苗族医药学术研讨会。2005 年，又举办了第二届贵州龙里苗医药文化博览会。《中华本草·苗药卷》在 2002 年国家中医药管理局立项，正式成为国家中医药管理局民族药文献整理项目，2004 年出版后，成为苗药基础研究的标志性成果。《中华本草·苗药卷》约 100 万字，收载苗药 400 种，每种药均附有墨线描图，药物条目设正名、异名、释名、品种考证、来源、原植物、栽培要点、采收加工、药材与产销、药材鉴别、化学成分、药理、炮制、现代临床研究、参考文献等共 20 个项目，既具有科学性、先进性、实用性、权威性，又是对苗族药物一次系统全面的总结，对苗医苗药教学、科研、临床应用和产业发展有着重要的意义。中国民族医药学会会长诸国本高度评价说，《中华本草·苗药卷》具有全、精、新、特的优点，为苗族医药由草根文化进入医学科学的大雅之堂提供了又一座桥梁。

MIAOJIANG

苗疆

GUZHAI 古寨

● 苗王城，南长城外的苗疆要塞 ●

　　苗王城不像一座城，是个古苗寨。苗王城，苗语叫"德高现"，汉语叫新寨，位于贵州省松桃苗族自治县正大乡，是苍茫武陵山区中的一座古老的苗族村落。历史上，这座弹丸之地曾是古代交通要道和军事要塞，是历代苗王居住的"王者之城"，同时也是历代朝廷"平苗"征剿的对象。苗王城虽然占地只有4平方公里，但它却像一部史书，蕴藏着苗族极其丰富与厚重的历史与文化。

　　苗王城的汉语名称叫"新寨"，却处处显得古旧、粗犷，一点也不新。作为一处古代苗族的遗址，给人们的感觉和感受，更多的还是沧桑、疮痍。据有关专家学者推测，苗王

南长城

南长城是中国南方长城的简称，因其为中国南方的唯一的长城而得名。它位于湘黔交界苗族地区，又称苗疆长城，全长190公里，北起湖南保靖县的喜鹊营，南到贵州碧江区的亭子关。始建于明朝万历年间，清朝在边墙旧址上重建。

武陵苗族服饰

城始建于明洪武初年，是苗王曾经营和居住的地方，当然也有史料为证。苗王城由上、中、下三个寨子组成，官舟河呈"S"形由北至南流过。上寨、中寨在西岸，下寨在东岸，两岸各有一条通道下到河边。整个地形，有如一个太极图案，自成一体，东西面是城墙，南北面是悬崖，在冷兵器时代，可谓固若金汤。即使东岸的下寨被攻破，亦可通过河上吊桥，往西岸撤退，过了吊桥，便是天险。沿石梯而上，到上寨，出西门，就是广阔的苗区后方，亦可补充兵力，亦可安全撤退，可以说，既能攻，又能守。

苗王城是我国西南地区苗族至今唯一一座保存得较为完好的集政治、经济、文化、军事和建筑为一体的古苗寨。它因地制宜，依据山形水势，先后在城内筑有11道城门，11条小巷，每条小巷共用一道大门；小巷内每家每户都拥有自己的龙门和后门，并且户与户之间相互连通，步步为营、层层把关，酷似一处"八卦迷宫"。那些巷道没有名字，也没有明显的标志，且十分相似，陌生人进入后很难找到出路。此外，这里还设有专门迷惑敌人的"直角巷道"，可诱敌进入死巷而一举歼灭，形成了"既能攻、又能守、也能退"极有效的军事防御系统。

苗王城中的民居是典型的苗族建筑，木结构，青瓦房，三间相连，有三合头，也有四合院，少则几十年，多则上百年。居民都用桐油漆过，在柔和的阳光下，闪着黝黑的光亮和散发出淡淡的清香。围墙不高，三四米不等，

武陵苗族服饰

可御外来入侵之敌；巷道不宽，一米有余，可两三人结伴而行。地上铺就的石板，光洁如磨，让你想不出这是经历多少岁月与人群双脚的磨砺。苗王城内的大部分房屋在民国初期的1929年被毁，当时贵州最大的两个军阀周西城和李筱炎在苗王城内激战三天三夜。李军为了逃命，放火烧城，全城200多幢房屋仅存6幢，其余均化为灰烬，现在的房屋是按照原来的模样新建的。

苗王城宋元时期是苗族土司答意长官司治所，明清以来曾先后有五位苗族起义领袖依托这里率众与朝廷的压迫进行不屈的抗争。明宣德年间，新寨苗族首领吴不尔以新寨为军事指挥中心，"前后抗击明军十二万之众"。明嘉靖十九年（1540）新寨的吴黑苗又与龙塘的龙许保在新寨称"王"，树起义旗，迫使明廷再度调集贵州、湖广、四川号称兴师十万进行"平苗"。苗族义军"据城防守、潜伏林箐、昼伏夜行"，"官有千军万马，我有千山万洞"，与明军血战13年之久。明万历四十三年（1615），明廷在无可奈何的情况下，采纳湖广参政蔡复一的献策，修筑了一条从贵州碧江区亭子关到湖南保靖县喜鹊营的"边墙"，并在苗王城周边设营驻兵，对新寨苗王辖区的苗族进行军事封锁和力量瓦解，并规定"东苗（'熟苗'）不能西进，西苗（'生苗'）不能东入"，否则"集健卒乱箭射杀之，复剖裂肢体"。但是新寨辖区的苗族，仍不屈服，不断反抗，长期秘密地"俘劫屯军"和"熟苗"地区开亲及经济贸易往来，为腊尔山地区苗族反抗明朝斗争作出了应有的贡献。历史是公正的，当时间磨灭了仇恨与偏见，真相渐渐地浮出水面时，苗王，这些当年的草寇，成了人们心中的英雄；苗族人民不屈不挠的抗争精神，也成了人类共同的精神财富。

武陵苗族服饰

苗王城是个人杰地灵的好地方，新中国成立以来，这里出了一批苗族干部。特别是恢复高考以来，这里 100 多户人家，考上大中专的有 50 多人，差不多两户一人，还有不少硕士生、博士生。苗王城民俗纯朴，民间艺术瑰丽，有"上刀山下火海"、傩戏、斗牛等民俗活动，是著名的苗族花鼓艺术之乡。苗族花鼓舞曾到美国、加拿大等国家和北京、上海、广州等大城市表演，深受国内外好评。目前苗王城有上百人长期在浙江、深圳、贵阳等地旅游风景区从事民间艺术表演。

● 石门坎，名传中外的苗寨 ●

　　一百多年前，贵州省威宁的石门坎还是一个极为普通的苗寨，却因为一个叫柏格理的英国传教士的到来，从此变得有些不一样。不久前，由世界旅游组织、国家旅游局和贵州省旅游局联合编制的《贵州省旅游发展总体规划》，将石门坎列入"主要旅游资源名单"。

石门坎是威宁彝族回族苗族自治县的一个乡，乡政府所在地的容和村石门组住有 30 多户苗族。石门坎，位于贵州的西北角，距威宁彝族回苗族自治县县城 140 多公里。平均海拔 2 200 米，最高处薄刀岭 2 762 米，最低河谷 1 218 米。这里曾是茅塞未开的地方，居住着苦难深重苗族"大花苗"支系。他们迁徙到这片属于彝族土目的地盘上，刀耕火种，受土目和官府的盘剥，过着农奴式的贫困生活。而在 20 世纪初，随着英国传教士柏格理的到来，这里声名鹊起，迅速成为"西南苗族文化的最高区"，一些西方人称其为"文化圣地""海外天国""云的那一边"，海外来信的信封上只要写上"中国石门坎"，信函和包裹均能准确送达。

　　当地传说，1905 年，英国传教士柏格理来到石门坎传教和办学。

游泳池旧址

苗族溯源碑

体育场

他向当地土目索地时，说只需购置"一张牛皮"之地，土目以为微不足道，即作赠送之允。柏牧师于是将牛皮割成细皮条，围地丈量，竟得80余亩，令土目瞠目结舌。正是柏格理和数十位苗族牧师和英国牧师，以及他们培养出来的中国汉、彝、回、苗等各民族教育人士的爱心接力、薪火相传，使处于崇山峻岭中的石门坎一改过去文化荒漠的景象，成为影响黔、滇、川交界处的一个庞大教育体系中心，学校从一所发展到百余所，为乌蒙山区培养了一大批以苗族为主体的优秀人才。四十余年间，仅光华学校便毕业了4 000多名小学生，数百名初高中生及中专生，30多名大学生，两名硕士和两名博士。

翻开有关柏格理创办光华学校的历史文献，一页页泛黄的篇章如今仍然令人瞠目结舌：创制苗文——结束了苗族无母语文字的历史，这种文字以石门坎语音为滇东北方言区的标准音，在川黔滇苗族中广泛传播；创办了乌蒙山区第一所苗民小学——也是第一所新式教育学校，兴建西南苗疆第一所中学，培养出苗族历史上第一位博士以及一批苗族知识分子；创办了中国第一所倡导和实践双语教学的双语学校——中国近代开男女同校先河的学校；倡导民间体育运动，被称为贵州足球的摇篮；发育出20世纪上半叶中国西南最大的基础教育网络，管辖川黔滇地区100余所学校和机构；中国境内首次发现和报告地氟病的地点；创办中国最早的麻风病院和中国第一所苗民医院……如此显赫的文化名声，它的诞生地却是中国最贫困区域的乌蒙大山深处。石门坎辉煌的文化与物质环境的强烈反差，使它成了一块神奇莫测的土地，多少年来谜一样地吸引着中外学者的眼球。

如今，创造了众多奇迹的石门坎，经历了半个世纪的自然灾害和时代洗礼，许多飘着苗族学生欢声笑语的老房子已经化为残砖碎瓦。沧海桑田，石门坎在现代文明的洗礼中逐渐褪去了山岭崎岖、信息闭塞、生存环境恶劣的容颜，而在特定历史时期在贫穷土壤上一骑绝尘的文

校舍

石门坎的苗族唱诗班

乌蒙山区苗族

化现象，吸引了中外文化人关注的目光，一批批中外学者不辞辛劳，前来探讨和研究这个在中国这片土地上难得有二的文化现象。"石门坎文化"也成了传媒关注的热点，柏格理所创办的光华小学2013年又被列入了贵州省省级文物保护单位。

如今，柏格理当年种的树仍然枝繁叶茂，似乎想告诉游客当年石门坎的繁荣。在石门坎历史文化陈列室，用于教学的幻灯、录音机、老照片等也不无向人述说着这里百年前的辉煌。人们相信，石门坎是中国的，更是世界的。多姿多彩的苗族风情、厚重灿烂的民族文化、优美的自然风光，使石门坎成了国内外专家学者学术研究、宗教人士及旅游者青睐的胜地。但如何挖掘石门坎的文化富矿，北京大学宗教文化研究院院长张志刚教授的建议应当是很有启迪意义的。他说，到石门坎圆了他的一个梦。石门坎是有现实意义的，可以建成中国民俗文化的示范区。她不仅是一种中国经验，还具有世界意义。中国能成为世界古文明的大国是因为中华民族拥有海纳百川、有容乃大的气度，历史上石门坎做到了这点。如果石门坎文化是一颗明珠的话，我们应该让她发亮。

● 麻鸟，锦鸡舞的故乡 ●

麻鸟不是一种鸟，而是贵州丹寨县一个苗族古村落的名字，苗语叫Mal Niel（"买铜鼓"之义）。传说他们祖宗鼓藏节原本用的是木鼓，后来买了一面铜鼓，在这里立寨安居，于是便有了这个寨名。

传统上，这个古村落的苗语全称叫Mal Niel Dlib Xongs "麻鸟西雄"，Dlib（"西"）是古代苗族一个支系部族的名称，xongs（"雄"）是"七"的意思。Dlib Xongs（"西雄"）意思就是7年为期过鼓藏节的"西"部族。苗族并不都是12年才过鼓藏节，以7年为期过鼓藏节的叫Dlib Xongs（"西雄"），以9年为期过鼓藏节的叫Dlib Jex（"西九"），以13年为期过鼓藏节的叫Dlib Juf Bib（"西纠别"）。过去这里的鼓藏节祭祀，每户都得为先祖父、先祖母各杀一头

锦鸡舞

锦鸡舞发源于贵州省雷山县和丹寨县交界的苗族Ghab Nes（"嘎闹"）支系村寨，尤以麻鸟苗族村寨的锦鸡舞最有名。锦鸡舞是苗族每12年举行一次的祭祖活动中的主要舞蹈形式。民间的婚庆、迎客礼仪和青年男女跳芦笙的过程中也常常表演锦鸡舞。锦鸡舞以芦笙伴奏，表演时女性个个绾发高髻，头上插戴锦鸡银饰，穿超短百褶裙，戴全套银项圈手镯，脚穿翘尖绣花鞋，打扮得像美丽的锦鸡一样。

丹寨和雷山交界排调河流域苗族锦鸡舞

大水牯牛。万一筹备不济，也得一牛一猪，还有不计其数的鸡、鸭、鱼。至于粮食、米酒等，就任其受用了。1946年麻鸟三寨举行大祭祀，其中有50多户的大寨一次宰杀了60多头大水牯牛、30多头肥猪，小牲口就难以计数了。肉山酒海来形容这里的鼓藏节，一点也不为过。

麻鸟苗寨

麻鸟锦鸡盛装

麻鸟老年妇女服饰

国家级非物质文化遗产名录——锦鸡舞就发源于这里，并广泛流传于麻鸟村以及苗族 Ghab Nes（"嘎闹"）支系中穿麻鸟型超短裙服饰的苗族村寨。锦鸡舞是麻鸟一带苗族的传统祭祀性舞蹈，是苗族芦笙舞的一种。服饰是苗族支系的标志，麻鸟型超短裙服饰又称"苗族锦鸡服"，造型扮相都以美丽的锦鸡为审美参照。

相传，很久很久以前麻鸟人的祖先逆都柳江艰难迁徙，历经千辛万苦来到苗岭山脉的雷公山麓，正准备在此拓荒安家时，才发现所携带的谷种已经遗失在迁徙的路上。仰天无望时，一只美丽的锦鸡从远处飞来，留下一粒金灿灿的谷种。不久，谷种发芽，抽穗……变成了一捧沉甸甸的谷子，全村人播下了这捧谷子，从此过上了幸福的生活。为了纪念这只上天派来的神鸟，聪慧的苗家妇女便在苗年等节日模仿锦鸡翩翩起舞。一年又一年，一代又一代，神秘而精彩的锦鸡舞不但飞出了苗岭大地，飞出了多彩贵州，还飞出了中华大地，倾倒了世界。锦鸡舞的伴奏芦笙，苗语称 gix lal（"更拉"），意为"流畅的芦笙"，又称"四滴水"芦笙，其曲有如溪水般清澈流畅。表演锦鸡舞时，男性吹芦笙作前导，女性随后起舞，排成一字形，沿着逆时针方向转圆圈。下肢动作变化多，上肢左右手垂直于短裙边放松，随舞姿自然摆动，脚步缓缓律动，回环复沓，优雅流畅。舞者含情脉脉，细腻委婉，酷似锦鸡在行乐觅食。

麻鸟男子服饰

麻鸟芦笙节，也叫"吃新节"，一般在阴历八月间举行。这个时候，麻鸟一带禾黄稻香，鱼肥畜壮，丰收在望，寨老们便选择吉日过芦笙节。节日里除了跳芦笙外还举行斗牛、对歌等活动。到时宾客盈门，笑声、歌声、酒令声、喝彩声，日夜不断，好不热闹。芦笙场上，由一名熟练的芦笙手做笙头，其余随之。开始吹的是相互赞美的曲调，到午夜，便吹起各种柔美的情歌曲调，倾吐小伙子对姑娘的爱慕之情。同时还吹起讨花带曲调，向姑娘索讨花带。会意的姑娘便把花带系在自己中意的小伙子的芦笙上，示意约他去对歌。这时小伙子便吹起感谢的曲调，辗转和姑娘走出芦笙场，去对歌，谈情说爱。

麻鸟还是中外驰名的芦笙制作之乡，芦笙制作艺人主要是余贵周三兄弟，余家制作芦笙已经有 6 代人。做芦笙要会打铜做簧片，要会校音，还要有好眼力和好手法。余贵周的父亲——芦笙师傅余富泽的技艺曾经在丹寨、雷山一带名声远扬。1954～1957 年，麻鸟村以余富泽为首组织了芦笙制作组。1959 年，麻鸟当时所属的方胜公社又以他为首创办了芦笙制作厂。1960 年，黔东南州歌舞团聘请他到凯里制作民间芦笙和改良芦笙，他曾制作了 9 管、11 管、15 管、18 管的改良芦笙。后来黔东南州歌舞团演奏所用的 18 管、22 管改良芦笙，都是在他改良芦笙的基础上发展而成的。余富泽 2000 年去世。余贵周一家一年可做七八套芦笙，一套有 10 多件。余贵周说："父亲做芦笙时并不教我们，而让我们自己做。父亲的手艺特别细致，但他不教也不说，我们只是跟着他，他做什么我们也做什么，他怎么做我们也怎么做。我们的规矩是传男不传女。我只有两个女儿，而我三伯有两个儿子，三伯又不会做芦笙，我现在就教他的两个儿子。我只教侄子选竹子，这是最重要的。我做簧片也让侄子做，但我不说，让他们自己去体会。这样他们动了脑筋，才能变成他们自己的手艺。"余贵周如今已是国家级非物质文化遗产项目代表性传承人。

麻鸟还是苗族长篇叙事诗的故乡，《阿荣之歌》等著名苗族爱情叙事诗在这一带广为流传。歌师白文学演唱的《开天辟地》等创世史诗，同台江、剑河等地的相比，不论韵律和风格都别具一格。

麻鸟自然生态保存较好，在寨门前耸立着一棵红豆古杉，见证着历史的沧桑和民族的兴衰；村外一层层梯田犹如一级级台阶，层层叠叠不断向山顶延伸；一座座吊楼就像一朵朵散漫的白云，随意地飘落在山头的朝阳坡上。浓阴的树木花草点缀其间，飞鸟不时从山谷掠过，好一幅原生态的风情画。

● 咱刀苗寨，苗族贾理古村落 ●

咱刀苗族爬坡节

雷公山是苗岭主峰，长江水系和珠江水系的分水岭。咱刀苗寨——一个苗族风情浓郁的古村落，就座落在这巍巍苗岭主峰脚下。咱刀苗寨依山傍水，村落周边古柏、古楠、水杉、红豆杉等名贵古木依稀可见。一条静静流淌的小溪，把寨子一分为二。这条小溪，就是清水江的源头之一，河水一直流淌到黔东南苗族侗族自治州州府所在地凯里市。顺着沿河的省道公路，从凯里市驾车到这里，只有50公里的路程。走进寨门，依山而建的苗族吊脚楼高低错落，古老池塘上建的水上粮仓鳞次栉比。水上粮仓位于寨子中央低洼处，40多个至今都还在使用的粮仓整齐地排列在池塘上。粮仓建于水塘上，具有防火、防鼠、防蚁三大功用。很多古建筑专家到此，无不惊叹其举世无双的罕见建筑风格。

被列入国家非物质文化遗产名录的"苗族贾理"，是咱刀苗寨最靓丽的一道文化风景。贾理制度是苗族传统文化的根基和核心，咱刀苗寨的贾理制度遗存，其完整性和独特性在黔东南苗族村落中屈指一数。贾理制度中的启鼓、启笙、启耕、忌雷等礼制分别由不同家族中的一名寨老担当负责。直到现在，新年的跳鼓和跳笙，也是由启笙长老家族先吹，启鼓长老家族先擂，全村才跟着欢歌起舞。铜鼓，是咱刀苗寨贾理文化中鼓社制度的重要礼器。历史上，每逢重大的节庆活动，人们在村北跨村南的小河中以 12 面铜鼓为跳墩，贾理长老踩着铜鼓，八面威风地来回过河去主持仪式。后来，河面上已经架起高桥。行政村名也就称为"新桥"。但是，"咱刀"仍然作为自然村落的寨名为人们沿用。为了灌溉咱刀河两岸的农田，苗族先民数百年前就在咱刀河上游修筑了数十座大大小小的池塘用于养鱼和灌溉，因此人们又把这座古村落称为"大塘"。咱刀苗寨是由历史上的 Fangs（"方"）、Gud（"固"）、Dliangx（"良"）三个自然寨发展而成的一个大村落。以苗族支系名称命名的"方寨""固寨""良寨"这种古村名，在寨中也只有年过古稀的老人才道得清楚。加上苗族古歌和古经中记载的古村名，咱刀苗寨的称呼就有十来个之多。村名别称之多，这在黔东南苗寨中也是极其罕见的现象。

　　咱刀苗寨西面寨头，如今仍矗立着一块明末清初栽的"贾理石"。

咱刀苗寨水上粮仓

咱刀"自然地方"

　　咱刀既是一个自然村寨，也是以它为中心，包括周边7个村落在内的"自然地方"称呼。清代以前雷公山区没有行政建置，苗族社会的治理是以"自然地方"为独立单位，每个"自然地方"又辖若干村落。"自然地方"有自己的长老，村寨中的大小事务便由长老们统辖裁定。

这是当年村民为修葺寨墙抵御外侮，惩治一名里通外敌的奸细而立的石碑。由苗岭主峰绵延而来的一座大山岭和西南、东北两座小山脊的环抱，加上寨子正前方河沿高崖的护佑，咱刀苗寨在地势上就很有军事防御的自然优势。为了强化这种防御功能，苗族先民依着山势还修建了一道护寨防御墙。寨墙自东北的天然河道起，全部用青石修砌，沿着东西两侧的山脊向上爬升，再折转至寨后山峦悬崖处。伴着防御墙，顺着山脊，还佐有一条防御道。有的地方十分狭窄，仅能容纳一人通过，这样的防御道一直环绕着到达每一个山口和防御哨。如今，这道护寨防御墙在古树掩映中依然十分完整。寨墙的东西两端，分别为东寨门和西寨门。前贵州省省长、贵州省苗学会会长王朝文书写的匾额"短裙苗第一村"，就悬挂在西寨门上。咱刀苗寨是黔东南苗族迁徙路上重要的一站。历史上，苗族先民由北而南进入湘桂边区，再逆都柳江而上进入雷公山地区。黔东南苗族的 Fangs（"方"）、Gud（"固"）、

祭龙

Dliangx（"良"）、Dlib（"西"）
等主要支系都先后经过咱刀，
并遗存了各支系丰厚的古老
文明。

苗族传统祭仪——撒米喊龙

　　大塘是雷公山地区苗族信
仰文化的圣地。村寨上游山脊
上有一个地方叫神鬼坪，苗语
叫 Zangx Dliangb（"掌量"），
"掌"就是"坪子"的意思，
"量"就是"鬼、神"的意思。
传说，古代苗族"固"支系，主要执掌苗族的祭祀典仪。其先祖叫勉昌，
是苗族祭祀大长老，神异无比。他在凯里香炉山一带把所有的鬼统统
捉拿，关在香炉山的岩洞中，然后顺着巴拉河，到雷公山一带开疆辟土，
兴旺无比。他让儿子回关鬼洞取祖宗灵位送到雷山来，这样祭祀先祖
才方便。他对儿子说："关鬼洞有三个，祖宗灵位在中洞，千万千万
别开上洞和下洞。"到关鬼洞取了祖宗灵位，儿子诧异父亲为何嘱咐
他不开上洞和下洞，便想打开看看究竟。不想一打开，关在洞中的鬼
一下全跑了出来，全都跑进了雷公山。父子俩只得重新捉鬼，他们来
回捉鬼的山梁叫排量（即"鬼坡"，在雷山县大塘乡的莲花附近）。
他们挖了很多很多的坑来埋鬼，然后再在坑上放水。大塘乡上游有很
多很多的水塘，就是这样来的。他们先把凶煞的大鬼关在铜鼓中，然
后才埋进最大的一口水塘，所以这口塘才叫铜鼓塘。过去一提铜鼓塘，
周边的苗族都有一丝恐惧。此时的勉昌大长老年事已高，法力大不如
从前，很多鬼都没有捉住。无奈父子俩在这里议定古规：

　　　　　有鬼才有祭司，
　　　　　有冤才有贾理。
　　　　　有鬼就祭祀，
　　　　　有冤就仲裁。
　　　　　苗人才幸福，
　　　　　苗寨才平安。

盛世银装

　　他们议规的地方，叫神鬼坪。这就是这个地名的来源。雷公山地区祭祀长老诵唱的古经，一般都提及神鬼坪与铜鼓塘。在他们看来，这里是苗族传统信仰文化的圣地。

　　如果说黔东南是苗族文化的万花筒，咱刀就是这个万花筒的一个缩影。如今，寨子的北面主要居住"良"支系的后裔，南面主要居住"固"支系的后裔。虽然同住一个村寨，他们的服饰、方言、节日、芦笙、习俗等传统文化却风格迥异。咱刀由此而成为很多文化人类学者特别青睐的考察目的地。"良"支系的苗族女子一般外穿很短的百褶裙，前围织锦围巾，后系绣花或织锦飘带，盛装银饰琳琅满目。由于女子着的百褶裙超短，只有六寸长，因而外界有的人称他们为"短裙苗"。"良"支系擅长的传统舞蹈锦鸡舞，已列入首批国家级非物质文化遗产名录。同时，这里也是首批国家级非物质文化遗产名录苗族古歌的重要传承地。特别是新近普查发现的《苗族议榔史诗》《苗族婚嫁史诗》《苗寨豪杰史诗》等，是苗族文学史上罕见的重要篇章。

● 西江，千户苗寨的文化看点 ●

西江不是一条江，而是一个著名苗族古村落。

世界上的苗族中国最多，世界上的苗寨西江最大。西江苗寨位于雷山县东北部，背靠苗岭主峰雷公山，面临白水河，山环水绕，怡静清幽，距县城和州府凯里均为30多公里。1992年西江被列为首批贵州省历史文化名镇，2007年西江又被列为中国历史文化名镇。因为西江苗寨有1 200多户，"天下第一苗寨""西江千户苗寨""看西江知天下苗寨"等许多美誉，使西江千户苗寨名扬中外。

西江是苗语Dlib Jangl的音译。

雷山苗族童装

西江鼓藏节

西江全景

雷山苗族盛装

D1ib 是雷公山地区一苗族部族支系的称谓。在雷公山周边的苗寨中，除了"西"（D1ib）外，还有"方"（Fangs）、"固"（Gud）、"良"（D1iangx）、"柳"（Liux）、"尤"（Yel）、"闹"（Nes）、"烈"（Dlieed）等苗族部族支系。从地名可知道，西江主要是苗族"西"支系居住的地方。Dlib Jangl（西江）的 Jangl（江），苗语有两个含义，一个是"讨取"之义，另一个是"弯曲"之义。因此，西江的地名的来源，也有两个传说。一个传说是，苗族的"西"支系到来之前，这里原本是"良"（D1iangx）支系居住的地方，后来"良"支系迁徙到黄平和施秉去了，"西"支系于是向"良"支系讨取这个地方来居住。D1ib Jangl（西江），词面上的意义就是"'西'支系讨取的地方"。另一个传说，根据都柳江流传的苗族鼓藏古经记载，苗族迁徙到榕江后分迁黔东南各地，迁徙到西江开寨居住的祖先是个瘸子，腿脚是弯曲的，人们便给他起外号叫 Dlib Jangl（"腿脚弯曲的'西'人"）。这位祖先的外号也就成了西江的寨名。西江地名的来源，本身就蕴藏着苗族丰富的部族支系迁徙文化。

　　西江过去是雷山一带数十个苗族自然地方之一。苗族自然地方叫 Jangd Fangb，词面上的意义是"鼓社村落"，大抵这一带属于同祀一个祖宗的鼓社，后来又扩展为经常在一起举办议榔定规活动的榔社。"鼓社村落"一般以该自然地方的两个主要寨名连起来称呼。雷山一带著名的苗族自然地方有：咱刀排落、掌批排里、乌的独南、交花交腊、乌勇乔王、干角开屯、加勇排教、乌流报德、掌排脚雄、黄里乌尧、西江控拜等。西江所属的苗族自然地方现在叫"西江控拜"，当地长老都说以前应该叫"控拜西江"。控拜和西江排名前后的变化，还有这样一个故事：控拜也是一个著名的苗族古村落，清乾隆以前，控拜苗寨比西江苗寨还大，史载控拜"山头土城绵亘数里，城内人马熙攘"，是黔东南最大的苗族村寨，有800多户村民。清廷以"改土归流"为幌子，将不屈不挠的控拜苗寨残忍血洗，人们大规模四处逃难，从此第一苗寨的桂冠才旁落西江苗寨。尽管如此，控拜仍然是贵州苗族最大最著名的银匠村。如今在西江从事银饰业的匠人，绝大部分还是控拜人。所以到西江苗寨，首要的文化看点有两个：一个是苗族的鼓杜议榔文化，另一个就是以控拜银匠为代表所创造的苗族银饰文化。

　　西江的鼓藏节，是苗族鼓社议榔文化的精华。鼓藏节也是西江苗族最隆重的祭祖庆典，每隔 12 年举行一次。传说苗族先民迁移到西江

雷山苗族盛装

雷山苗族盛装

雷山苗族盛装

之前有"吃鼓藏"习俗，迁到西江第二年，由于农业丰收，有了粮食、猪等，即举行迁移后的第一次"吃鼓藏"祭奠。以后每隔12年举行一次。每次"吃鼓藏"从子年开始，经丑年到寅年结束，历时3年之久。今天的西江镇，虽有侯、杨、宋、唐、李诸姓，但实为同一血缘家族之后，"吃鼓藏"时大家祭祀一个共同的远古祖先。西江苗族采用汉姓，最早是据子父连名制所取名字的谐音而来，如苗名为样金者，则取杨姓；苗名为松陆者，则取宋姓。所以西江苗族现用的汉姓，并不反映其始初的家族血缘关系。西江的羊排寨，苗语称"打松"，即老祖宗的地方之意。西江镇"吃鼓藏"时跳芦笙用的最早场地——踩鼓堂，就在羊排寨中的一块小空地上，"鼓藏"鼓亦藏在羊排"鼓藏头"家中。鼓藏节虽历时3年，但最热闹的是最后一年，即寅年举行的送鼓式。送鼓的日子，一般在农历十月至冬月间的一个寅日。各家事先把选定的日期通知远近的亲戚，请他们到时参加。是日清晨，家家户户争先杀猪，认为越早越吉利。猪好杀后，各家分送给每户亲戚一腿猪肉，家里亲戚多的，往往要杀数头猪才够赠送。这一天，由"鼓藏头"将"鼓藏鼓"迎出，至踩鼓堂后即开始"跳鼓"。"跳鼓"活动一般持续三五日或七日，至多不超过九日，以单数为吉利，不用双数。这是一次规模盛大的群众性娱乐活动，热闹非凡。在"跳鼓"活动期间，男人穿上新衣，妇女特别是姑娘则着盛装，佩戴项圈、银角、银花等装饰。"跳鼓"活动结束，由"鼓藏头"及长老们把稻谷装满鼓内，送回鼓房，为时三年的"鼓藏节"祭祖活动才皆大欢喜圆满结束。

　　人们首次看见西江，第一感觉是被西江苗族吊脚楼的气势所震撼——真没有想到千户苗寨竟如此之壮观靓丽！既粗犷又典雅、清纯、古朴！所以说吊脚楼建筑，是西江千户苗寨的另一个文化看点。苗族民居皆旁山依地势而建，大多是吊脚楼。远远看去，吊脚楼鳞次栉比，次第升高，别具特色，难怪连建筑专家都说，西江苗寨是中国干栏式建筑吊脚楼的艺术奇范。在傍山半边吊脚楼房中，最大的是三层八柱五间，一般除三间五柱正房外，在右侧或左侧搭一厢阁。房子的第一层存放生产工具，关养畜禽，贮存肥料。第二层住人，分客厅、寝室、堂屋、取暖间、厨房。第三层贮存粮食、饲料等物品。客厅外廊有长

雷山苗族盛装

雷山苗族盛装

条靠背木椅，俗称"美人靠"，既是平时乘凉、会客，也是观景、绣花的地方。尽管吊脚楼建筑样式在雷公山地区非常普遍，可是以西江苗寨的建筑规模最气派，更为多姿多彩。西江苗寨不是孤零零的一堆木建筑，而是在雷公山余脉群山的背景下，与青山绿水融为一体。山道、石坎、田园、草树穿插在民居与民居之间，在苗寨周边的各个道口，在每片吊脚楼的附近和上方，都有成片的名木古树。加上逐级沿山修筑的层层梯田连接云天，构成了千户苗寨一道道看不尽的乡村美景。

以西江苗寨为代表的雷公山地区，拥有丰富的苗族文化遗产。除了上述的苗族鼓藏节、吊脚楼营造技艺、银饰锻造技艺，还有苗锦苗绣、苗年、铜鼓舞、芦笙舞、飞歌、苗族医药等10余项被列入国务院公布的国家级非物质文化遗产名录。另外，西江还获得中国景观村落、中国苗族银饰之乡、中国乡村旅游"飞燕奖"暨最佳民俗文化奖、全国农业旅游示范区等多项荣誉。"西江，美丽超乎想像！"——余秋雨先生的这句赞语，完美表达了对西江千户苗寨的审美观感。

从雷公山奇字碑窥探古苗文的踪迹

　　古代苗族有文字吗？这一直是苗族文化史上一个解不开的谜团。"文字"一词，在贵州苗语三大方言中，都有自己的读法，并且是同源的，东部方言叫"ndeud"、中部方言叫"dud"、西部方言叫"ndeud"，读音很近似古汉语的"牍"，但这些都不是汉语借词，说明苗族古代曾有文字。

　　苗族的很多神话传说都认为古代有苗文。黔东南的贾理古经记载的一则典故说：远古的时候，水牯牛原本是没有角和旋的。苗族开始迁徙，过黑水河和白水河时，贾理经卷打湿了，掌管经卷的长老名叫Wangx Deb Vongx（"往都勇"），他在一处叫Zangx Eb Dab Hsat（"漳乌达沙"）河滩

晒经卷，水牯牛失蹄踩踏了这些神圣的典籍。往都勇和长老们很生气，于是立下规矩：过鼓藏节，一定要用水牯牛来祭祀，给祖宗赔罪。作为惩罚，长老们还给水牯牛安上了角和旋。苗族过鼓藏节还时兴斗牛，就是这样起源的。

　　那么，古苗文为何现在没有踪迹了呢？西部苗族这样传说：从前，苗家是有文字的，还有很多书本，不知是啥原因，最后只剩下一本书了，由长老保存在稻草枕头底下。一次，长老家人抱枕头出去晒，不晓得下面藏有书。有头牛路过，一下子把稻草枕头和书都吃了。大伙儿决定杀牛取书，等把牛肚剖开来看时，只见一层一层的牛肚子，书没有了。苗家认为，牛的"千层肚"，就是一页一页的书变成的。从此，

苗语三大方言

　　苗语是苗族人语言的统称，苗语一般认为属于汉藏语系苗瑶语族，分三大方言：东部（湘西）、中部（黔东）、西部（川黔滇），各方言又分一些次方言或土语，其中川黔滇方言分为7个次方言，各个方言及次方言内部还有土语之分。

英国传教士柏格理等用苗文翻译的
《新约全书》

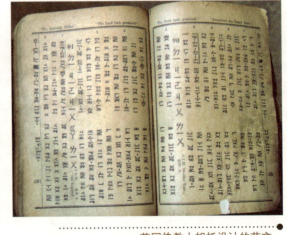

英国传教士胡托设计的苗文

苗家失去了文字。丢失文字，对不起祖先，就用牛的"千层肚"作祭礼，告慰祖先，这是我们的书。西部苗族的"打嘎祭祖"礼仪，就是这样传下来的。

众说纷纭的雷公山古苗文碑，不少人认为就是一种古传的苗族文字。1930年，黔东南雷公山发现一块残碑，被称为"苗文碑"，贵州省博物馆现存一片残石及拓片。与此相邻的榕江县乐里镇也有一处被当地群众称为"老虎碑"的山石，正面横七竖八刻有似文非文、似图非图的线条，背面有各种方形、三角形等图案，不少学者认为可能也与古苗文有关。据1941年11月3日的《贵州日报》报道，当年贵州物产陈列馆举办了一个"苗夷文物展览"，有四种苗族文字的拓片展出，其中就有"雷公坪夷文残碑"拓片。1949年夏天，德籍文化人类学家鲍克兰（Beauclair）夫人专程到雷公山地区考察，获得古苗文碑拓片大小各一块，大拓片32字，小拓片7字。当时四川大学的学者、著名语言学家闻宥对鲍克兰夫人的拓片认真研究后做了如下推断：

首先，雷公山苗文碑不是赝品。伪造的文字很容易辨别，因为没有内在的结构性和统一性。

苗族芦笙

雷公山古苗文拓片

这个碑刻显然是有组织的，决不是任意乱用了一些近似汉文的成分，也决不像道家符篆般故意画些曲折的笔画。所以就大体看来，这种字是不可能伪造的。

其次，碑文的发现是苗族研究史上的大事。已往的一些发现后来都证明系赝品，这一次的发现——纯粹苗区里所发现的无人能识的文字，似乎可以给我们以一个肯定的答复。这在苗族史的研究上，当然是一件大事。我们可以相信这个碑上的文字应该出于苗人之手。另外，这种文字可能属于巫师专用文字。之所以"无人能读"，便是这种字当它生存的时候，也只是为少数巫师所用。

近代，基督教传入贵州的苗族地区，西方传教士在苗族传教员的帮助下，创制了一些苗文方案，用于翻译《圣经》以及《赞美诗》等宗教典籍。影响较大的有威宁石门坎的柏格理苗文和黔东南旁海的胡托苗文。上世纪初，在黔西北威宁石门坎地区传教的英国人柏格理，同苗族知识分子杨雅各等人配合，使用部分拉丁字母和一些记音符号，以石门坎苗语为标准语，创制了一种拼音文字，称为"坡拉字母苗文"（俗称"老苗文"），用于翻译基督教圣经，编写课本，记录苗族民间故事、诗歌以及记事、通讯等。这种文字，现在仍在川、黔、滇部分苗族中使用。民国初年，英国传教士胡托在黔东南凯里的旁海传教时，在苗族传教员潘世银等人帮助下，以旁海苗语为标准音，以北洋政府教育部公布的国语注音字母为基础，创制了一种"注音字母苗文"，翻译印制了《圣经·新约》和《赞美诗》等读物。这些文字均没有在苗族中流传和推广。

新中国成立后，党和政府非常关心苗族的文字问题，曾先后派出工作组和工作队深入苗族地区调查研究。1956年10月在贵阳召开的"苗族语言文字问题科学讨论会"上，由于苗语方言差别较大，按湘西方言、黔东方言和川黔滇方言，各创制了一种文字，另外还改革了滇东北次方言的旧文字（即"老苗文"），使之规范化、科学化，各种文字均采用拉丁字母。苗语和汉语相同相近的语音，在字母形式上尽量和汉语拼音方案取得一致，以有利于互相学习和交流。

● 倒栽树与苗疆精神 ●

发誓是一种民俗，也是一种文化。苗族最神圣庄严的发誓仪式非常奇特，就是倒栽一棵树木，以此作为凭借物进行发誓。

倒栽杉，就是倒栽的杉树。剑河县毕下村的倒栽杉，可称为是苗族地区的"倒栽杉"之王。毕下村的倒栽杉不是一棵，而是三棵。这三棵挺立村前风水林中几个人才能围抱的杉树，说起来还有一个故事。相传，苗族祖先从剑河久仰地区迁徙到这里，看到这里前有一条小溪清澈见底，背靠一座林木葱茏的大山，是个休养生息的好地方。为了统一族人的意见，决定让神灵来决定大家的去留。大家决定由族中长老选择良辰吉日，扯三棵杉树苗，呈一字形倒栽在山岭下。大家以这三棵倒栽杉为凭借物立约：如果三棵树都成活，大家就留下来居家立业；只要其中一棵树不成活，大家就继续前行寻找理想家园。过了一段时间，恰好是农历二月初二那天，男女老少一起前往见证倒栽杉的死活。倒栽的杉树不但全部成活，而且长得郁郁葱葱，像一把张开的伞，保护着树阴下的生灵。大家欢欣鼓舞，妇女戴上美丽的头饰，男人吹起金竹芦笙，感谢神灵赐予新的家园。直到现在，这三棵倒栽杉树都还在郁郁葱葱地生长着。每年二月二这天，附近12个村寨的男男女女身着盛装，带着祭品，前来祭祀这三棵神圣的倒栽杉。

从这个故事可看出，苗族倒栽树木的习俗和仪式，只有在本民族

苗疆精神的真谛

《苗疆见录》曰："自有明以来，苗之叛者众矣。"历史上深重的民族压迫和恶劣环境，苗族从未屈服，他们不屈不挠，坚持奋争。苗族对统治阶级抗争是正义、英勇的。苗族的这种民族精神，也表现在人与自然的关系中。在远古史歌中，苗族先民造日造月、犁耙大地、改造山河，而民族迁徙后，在苗疆定居下来，尽管伤口还在滴血，又开始了与新的民族压迫和恶劣自然环境坚忍不拔地进行奋争。这就是难能可贵的苗疆精神。

或宗支遇到攸关生存和发展的时候才举行。倒栽成活的树木，以台江县台拱镇交片新寨松丢山上的倒栽杉最为有名。清乾隆《贵州通志》载，清雍正十年（1732），苗族起义军被清军哈元生部追逼至此，形势危急，义军首领折杉一枝倒插土中，祈曰："吾种若存则杉活，种灭则杉死。"逾年，杉树成活，十分繁茂。至今，树龄280余年，树高25米，胸围6.7米，枝干苍劲，虬型蟠结。干上端枝条繁出，倒垂如伞，覆地成阴一亩有余。树顶平齐如削，中心下凹成坑，坑中常年积水，盛夏不竭。飞鸟常于树顶歇足，饮水刷毛。水凹旁分生两巨枝，大亦合抱，与其他下垂枝反向，直拨向上，世上罕见。

剑河倒栽杉

雷山欧道倒栽杉

　　当年争取民族自由和平的起义虽以失败告终，但倒栽杉却依然枝繁叶茂，鼓舞着苗族为追求美好生活而英勇奋斗。如今，每年二月二日苗族祭祖节，交片村苗族宰猪杀牛，附近十几里的苗族不约而同，男女老少聚在倒栽杉下祭祀，大家敲鼓吹笙，唱歌跳舞，仰念古木，祭祀祖宗。倒栽杉成了周边苗族主要的祭祀神树，树下的草坪成了交片村调处重大事件或举行民间活动的主要场所。倒栽杉的内涵和意义已不仅仅是一棵古老的杉木，而是苗族为追求自由和平，反抗歧视和压迫，创造幸福生活而不息奋斗的精神象征，是苗族战胜困难，英勇奋战的象征。

　　倒栽杉发誓仪式实际上是苗族栽岩议榔的另一种表现形式。在民族或宗支面临危亡的关头，民族领袖带领大家面对倒栽杉盟誓，主要有以下几层含义：

　　第一，体现了威权神授的传统理念。倒栽杉作为苗族议榔理念的一种特殊方式，乃是基于苗族"威权即神意"的传统神判思想。一般的行为标准甚至特殊场景的倒栽树木，都是来自于"天意"，是冥冥

神灵对世间凡人的约束。民族首领带领大家继续迎难而上对敌拼搏，这样的决策是神灵决定的，神灵通过杉树倒栽都能成活这种征兆来显现其不可逆转的意志。在事关民族存亡的重大决策上，有威无权威无可使，有权无威权易架空，民族领袖深谙威与权不可分离的谋略。所以，在关键时刻必须借助倒栽杉这种仪式，来强化民族内部的团结和统一，这样才能组织大家形成力量同敌人作殊死决战。

　　第二，大家面对倒栽的杉树盟誓，杉树代表神的"力量"起到监督作用，使大家永远坚守誓言，绝不后悔。一般来说，苗族对群体的重大盟约绝不允许也不敢翻悔，因为他们坚信，翻悔的话会被为盟誓见证者杉树上附着的神灵所惩罚。传说，苗族起义领袖张秀眉举事前，看到官家有枪有炮，怕打不过官家而导致大家分崩离析，一时拿不定主意。登鲁有个叫故麻的老人，见多识广，德高望重，张秀眉就去请他拿主意。他对张秀眉如此这般地交代了一番，张秀眉依计邀约众多苗族好汉到他家乡附近的一座山坡上，当众砍了一根杉树枝，用力倒着插进地下，庄重地对众人说："我现在把这根杉树倒栽在地下，10

天后来看。若它生根发芽，就说明我们造反一定胜利；要是它枯萎干掉，我们就逆来顺受，任人宰割吧！"过了10天，许多的苗家好汉如约再次汇聚那里。张秀眉小心翼翼地扒开倒栽杉枝的泥土，果然见地下白生生的须根长了好长，再仔细看杉枝，真的有了鲜嫩的芽！这样一来，人人都铁了心，决心要起来造反。张秀眉正是巧妙利用了苗族传统的倒栽杉盟誓仪式，让大家永守誓言，同仇敌忾。数十万人的起义大军揭竿而起，以倒栽杉的形式开启了其波澜壮阔的宏伟序幕！

　　第三，倒栽杉是有背日常种植规律的一种成长模式，如果成活则是生命力顽强的一种显现。其内在关联就是，一个民族或宗支要想生存，即使屡败屡战，也绝不气馁，有一种锲而不舍、百折不挠、宁死不屈、虽死犹斗的顽强生命活力和坚韧战斗精神。因此，这种仪式既是一种择吉礼仪，也是一种激发每一个个体顽强拼搏的激励机制。与从江县紧邻的广西壮族自治区三江侗族自治县的滚姓苗族，传说先祖四兄弟原住在贵州省榕江县一座叫五齿耙的山脚，后沿都柳江下到从江县定居。有一天，四兄弟上山烧灰积肥，不慎烧掉了别人的棺木。这一事件引起了棺木主人的震怒，决心把苗胞四兄弟斩草除根。四兄弟只得抛去家产，逃往广西方向，在三江县良口乡的晒江村，兄弟四人在一个山坳上休息。老大见这里古树参天，地面开阔又无人烟，于是挖来一棵杉树苗倒栽，口念祷词："这棵树栽得活，往后兄弟就能见面团圆；若不活，各奔东西！"后来，这棵杉树根深叶茂，滚姓兄弟分到周边四个村寨定居，发展到200多户，俨然一个大姓人家。他们四寨滚姓联合组织祭鼓祀祖，当地的祭鼓节就是这样兴起来的。由此可见，没有先祖四人倒栽杉的盟誓激励，也就没有后来滚姓苗族宗支的发展壮大。

　　枫树和松树，也是苗族传统理念中的祖宗树和护寨树。苗族在迁徙的历史过程中，在选址建寨的择吉仪式时，倒栽树仪式往往还选

苗族英雄杨大六的故居

苗族英雄杨大六故居陈列室

苗族英雄张秀眉画像

苗族英雄杨大六画像

苗族英雄包大肚画像

苗族英雄官宝牛画像

苗族英雄李拱皆画像

枫树和松树。雷山县西江镇开觉村的苗族先祖喜方、斗方兄弟，原本住剑河县郎觉寨，当时两兄弟带着猎犬翻山越岭到这里狩猎。猎犬钻山追逐野兽，犬吠声声传来，兄弟担心猎犬受伤，连声呼唤猎犬。猎犬闻声返回，全身沾满浮萍，说明这里水草丰茂，适宜人居。兄弟俩商量议定："砍棵枫木来倒栽。"三年后，他俩回来看，倒栽的枫木根深叶茂，于是迁到这里居住，后来发展成西江附近一大苗寨。无独有偶，榕江县空申一带的苗族，传说当年有神灵晓谕，要他们的祖先找到一处像牛一样的处所，再倒栽一株松树，日后如果成活，人丁兴旺，这里就是他们安居乐业的地方。按照神意，先祖沿着雷公山龙脉一路探寻，来到雷公山西麓的一个河谷地带。只见这里树木葱郁，山清水秀，不远处一块光溜溜的石岩壁上，居然还有一只巨大的牛脚印。先祖认为，这里就是神灵指引的美好梦乡。后来，先祖倒栽的松树活了，这里的水土也十分养人，就决定在这里安身立命，开疆辟土。据传，锦屏县瑶光寨祖先长途跋涉来到这大山深处时，把从老家带来的枫树枝条倒插在后龙山上，并许愿：若这棵枝条能存活，就在这里定居，结束长期迁移的漂泊生活。后来这棵枫树生根发芽，人们便在这里折木为居，生息繁衍。人们把这棵"神树"奉为苗族的根。后人为纪念枫树，用枫叶酿成"枫香酒"，用枫树枝串起糯米粑做成"枫树粑"，逐渐形成了延续至今的传统节日——枫树粑节。

从苗族倒栽树的习俗，可以清晰看出，苗族在曲折多变、险象环生的民族大迁徙的苦难历程中，曾经多次面对亡族灭种的危机，从而迫使他们不得不以顽强的意志和坚强的信念在充满挑战的生存夹缝中周旋，于是便形成了苗族成熟而坚韧的精神意志和挑战逆境不断进取的民族性格。

包利宝故乡台江红阳寨

● 从张秀眉名字看苗族姓氏的奥秘 ●

台江张秀眉塑像

张秀眉是著名的苗族起义英雄，贵州省台江县人，清朝咸丰、同治年间苗族大起义的主要组织者和杰出领袖。由于他巧妙利用苗族传统文化中的议榔仪式举行起义，成了在清代贵州各民族反清大起义的数十支武装中，坚持时间最长，活动范围最广，对统治阶级打击最重的起义军。

千万别认为张秀眉姓张，其实张秀眉姓李，真正的姓名叫李秀波。秀波（Xongt Bod）是他的苗族名字，秀眉（Xongt Mil）是他的苗族诨名。不论是张秀眉或是李秀眉，这都是典型的贵州苗族姓名，即"汉姓＋苗名"构成的姓名方式。为什么本叫李秀眉，后来却成了张秀眉？传说他去投奔刘白号的汉族起义，登记姓名时，正值发衣服，他见服装很漂亮，连连说："Sangb！Sangb！Sangb！"（"很漂亮！很漂亮！很漂亮！"）于是误将他登记为姓张了。也有说他参加张开格的苗族议榔起义，张开格问他姓什么，他说"你姓什么，我就姓什么"，因而姓张。

苗族原本不使用汉姓，从明清贵州地方文献记录的苗族人名看，有名无姓的情形很普遍。例如张秀眉的部将杨大六、李洪基等，这些名字全是他们的苗族诨名，他们名字中的"杨""李"，现在很多读者都误认为是汉姓，其实均非姓氏。杨大六是苗语 yangf das liod 的译音，意思是"凶死牛"，即凶恶之极。李洪基是苗语 ninx ghongl gib 的译音，意思是"弯角水牯牛"，喻其善战。由此可见，这些名声显赫、见之史书的苗族人物原来很多人是没有汉姓的。

那么，苗族是如何开始使用汉姓的呢？这里有几份关于雷山县苗族汉姓的口碑资料：

雷山县排里村的余姓苗族，原本住在三都县。其先祖嗜好捕鱼，常逆都柳江而上。有一次到丹寨县排调河段，正好遇到官府查登户籍，于是便以"鱼"的同音字"余"为汉姓。

清代雷山县掌批苗寨的白廷栋在丹江厅城当土司"通事"（苗语译员）。白廷栋，苗名叫"绍白"，按苗族子父连名习俗，"绍"是他自己的名，"白"是他父亲的名。官府进村查登户籍，由于语言不通，登记官员只听清了一个"白"，于是其家族便以"白"为姓。白家后来发了财，田地跨雷山、丹寨、三都，成了雷公山地区有名的苗族大姓。

张秀眉故乡台江板凳寨（养岗寨）

张秀眉故居（左上第一栋）

苗族是如何获得汉姓的，操湘西方言的苗族传说更加古老。黔东松桃、铜仁等地苗族，以吴、龙、麻、石、田为五大姓。这些姓氏怎样来的呢？据湘西方言苗族古歌《傩公傩母》传述，"洪水漫天"后，姐弟二人成婚繁衍人类。结果姐弟二人生下一个大肉团，弟弟就将肉团切成一小块一小块，甩向四面八方。共甩出148块，变成了148个姓的人。古歌说："甩在岩石上的肉块啊，后来变成了人，取汉字姓为石；甩在稻田里的，变成了人，取汉字姓为田；甩在水里的，变成了人，取汉字姓为吴（苗语"水"）；甩在李树杨树上的，变成人后，就取汉姓叫李、杨……"黔东松桃、铜仁等地苗族使用汉姓，可能比黔东南苗族和贵州其他地区的苗族都要早一些，大约在唐末宋初就较普遍了。黔东南和黔西北两大方言区苗族的汉姓，可能起源于明朝而盛行于清代，其输入渠道是多种多样的。清代"改土归流"，鄂尔泰总督云贵，镇压广顺一带苗族，事后陈报经理苗疆十一事，认为"苗人多同名"，宜"各照祖先造册"，"不知本姓者，官为立姓"。如黔东南设置"新疆六厅"，户口造册时，以头人或户主的苗名谐音汉姓，或任由个人选用汉姓。

"官为立姓"的结果，导致苗族使用汉姓出现错乱不堪的现象。苗族有自己的苗姓，后来常有一个苗姓分为几个汉姓的，也有几个苗姓共用一个汉姓的。雷山县教厂苗寨全寨本为同一宗族，却有三个姓氏，即范姓、滕姓和李姓。原来寨中三个村民，到当时的厅城中去做小生意，其中一个是卖饭的，一个是卖草藤的，而另一个则是卖李子的。厅城里的人都呼他们为"老饭""老藤""老李"，官府在编造户籍时，分别记为"范""滕""李"。一宗三姓，同出一祖，所以寨内彼此虽为异性，却是绝对不能通婚。

有些"官为立姓"就更为离谱了。张秀眉起义失败后，驻扎在凯里凯棠养尚山的清军首领王某命各苗寨前去登记，并将前去登记的苗族改姓王，说同姓同门，以后就是一家人，不要再造反了。当然也有一些例外，如凯里市挂丁的养蒿寨，原汉姓为潘。张秀眉起义时，该村有个义军头领英勇善战，清军千方百计追查和捉拿他。有一次偶然相遇，清军问他名字，他将汉姓隐去，而报其苗名说"我叫阿喜"，从而躲过了清军的搜捕。后来，他认为"喜"这个苗名吉利，能消灾免祸，就依谐音改姓许。其实养蒿寨与其山后的三棵树寨潘姓是同宗族，从此分为许、潘两个汉姓。

历史上，贵州各地苗族都曾经普遍使用苗族自己的姓氏。例如，松桃苗族有五大姓氏：告削、告芈、告灌、告卡、告徕。松桃苗族姓氏在使用时，往往是名置于前姓置于后。根据古歌记载，告削在迁徙时总是打先锋，同时他又是部族宗教的主要创导者，于是东部苗族通常把告削一姓列为苗姓之首。在习俗差异方面，告削不吃放在簸箕中的米粑，不吃乌鸦，屋内火塘所设

个体的文化密码

姓名不仅是民族个体的标志符号，更是人们相互联系、彼此认同的文化基因与生物密码，涉及民族融合、家族血统、宗教信仰、理想观念等方面，是民族传统文化的重要组成部分。

张秀眉墓

立的位置与其他姓氏有异。

　　现实生活中，大部分苗族都并行使用苗姓苗名和汉姓汉名两种身份符号。在苗族传统社会生活中，前者往往占据主导地位。例如，梁聚五是现代著名的苗族学者和社会活动家，新中国成立之初，就被毛泽东主席任命为西南军政委员会民族事务委员会副主任。但是当时的族人大都只知道他苗名叫"九勾你"，他父亲叫"勾你往"，他爷爷叫"你往量"。其家族后来编撰的族谱中，也只书写"九勾你"。不了解贵州苗族的苗汉姓氏混用状况，如果你只知道一个苗族的汉名，你即使到他居住的村寨去，找到他往往要费一番工夫，因为村寨里人人都知道他的苗名，知道他汉名的很少。

　　苗族自己的传统姓名及其汉姓很有各自的文化特征。有则笑话说，三个互不相识的龙姓苗族在一起相聚，互通姓名后称兄道弟，一番交谈才知道并非宗亲。第一位龙先生自我介绍："我姓龙，来自松桃苗族自治县，我家祖先苗姓'代芈'。东部苗族五大姓——吴龙石麻田，我们位列第二，实际人口第一。我们家姓的第一特征：不吃喜鹊。"第二位龙先生说："我也姓龙。我这个龙姓，是我们家支所属部族的名称——Liux（'柳'）来的。我们黔东南苗族有 Liux（'柳'）、

Fangb（'方'）、Dlib（'西'）、Gux（'固'）、Nes（'闹'）等古老部族。我们'柳家'后来不少姓刘，龙姓的少一些。刘和龙都是'柳'近音用字而已。我们'柳'部族的'柳'是'燕子'的意思，你们不吃喜鹊，我们则不吃燕子。"第三位龙先生说："我也姓龙，来自威宁彝族回族苗族自治县。据老辈说我们原本也是有苗姓的，后来一个胞族随了回族汉姓马，三个胞族分别随了彝族的苏、龙、禄三姓。我这个龙姓是彝族姓，我的祖上据传是彝族土目的苗族管事，才有了这个彝族姓氏。我家信基督，我的教名也就是我的大名——龙雅各。"听完自我介绍后，三人都笑了："不论真龙与假龙，天下苗人是一家！"这个笑话既说明苗族姓氏的多源性和多样性，又表明梳理苗族的姓氏源流是极其困难的，由此更加证明苗族姓氏文化的丰富多彩和源远流长。

● 长老制度，苗族社会的文化奇迹 ●

> 知贾为长老，
> 晓理做寨头。
> 龙角支龙崖，
> 长老管地方。

　　长老制度，苗语为 lul fangb lul vangl（"娄方娄仰"），是黔东南苗族重要的社会制度。长老，过去也译为理老。实际上理老只是长老中的一部分，因为有些长老只在家族或村寨主持一些礼仪仪式，并不参与苗族贾理仪式和活动。苗族社会生活中重大的生产生活、婚丧嫁娶、宗教祭祀、社会纠纷等都是长老统辖的范围。苗族贾理词用 Ait gib vongx nil vongl, ait yus vas nil fangb（"龙角支龙崖，长老管地方"），来比喻长老在苗

手持牛角酒的祭司

族社会制度中具有极其崇高和重要地位。知晓贾理，是成为长老的最重要前提条件，所以贾理词才说 Bub jax ait lul fangb, bub lil ait lul vangl（"知贾为长老，晓理做寨头"）。

据明人田汝成《炎缴纪闻》说："苗人争讼不入官府，即人亦不以律例科之，推其属之公正善言语者，号曰行头，以讲曲直。"成书于明代的《贵州图经新志》也记载："（苗人）有所争，不知诉理。惟宰牲聚众推年长为众所服者谓之乡公以讲和。"清乾隆年间，张广泗在给皇帝的奏折中提到："查各苗寨内，向有所称头人者，系各本寨中稍明白、能言语、强有力者，众苗即呼为头人。"

上述文献所谓的"行头""乡公""头人"，就是苗语的 lul fangb lul vangl（"娄方娄仰"），意思是"强有力者""公正善言者""年长为众服者"，实质上就是今天我们常说的"长老"。长老制度是传统苗族村寨社会中长老统治的一个典型。长老是苗寨中德高望重的长者，主要分为鼓社长老、祭祀长老、贾理（仲裁）长老等。

鼓社长老——苗语为 ghet niel（"高略"）。苗族社会中，一个宗族或宗支称为一个 jangd niel（鼓社），负责整个宗族或宗支重大活动的是长老。除此之外，每到年节要跳鼓时，负责举行 qend niel（"开鼓"）的仪式长老，也属于鼓社长老，一般称 ghet qend niel（"启鼓长老"）。为区别于一般的"启鼓长老"等鼓社祭祀长老，负责整个宗族或宗支

鼓藏节的祭司

祭司诵经

重大活动大长老又称 ghet niel hlieb（"高略列"），可汉译为"鼓社大长老"。另外，在鼓社长老中，启耕长老地位也颇为重要。启耕长老苗语为 ghet qend gheb（"高启告"），主要负责重要农耕仪式和农事禁忌礼俗的管理等。农事长老最熟悉苗历，可能是苗族节令掌管者。传统农事中的浸种、撒种、插秧等重要农活，一般都要由农事长老先行，其他人随后才能为之。农事禁忌，如雷山县新桥苗族的新春打雷忌农活三天，一般也是农事长老警示和监督。因此，启耕长老也叫 ghet hlab hob（"忌雷长老"），意思是"呼唤大家忌雷的长老"。

　　启耕长老的权利，也是神圣不可侵犯的。有一年，从江县加勉、党翁过"踩秧堂"节，连吹十几天的芦笙，违犯了祖宗留下的规矩。"活路头"龙老友（该长老在新中国成立后仍负责加勉地区 16 个村寨的启耕事务）出来干涉，大家不听。恰好当年禾谷歉收，大家认为是"活路头"带头播种、插秧有问题，叫他赔偿粮食。龙老友说："你们踩秧堂吹芦笙超过了规定时间，我说你们不听。今年禾谷收成不好，怨我不得。

祭司诵经

我不赔，只有不干这个活路头了。"
于是徙家他往，走到半路，还是被
村民劝回，并向他认错，同时还制
定了违犯"活路头"职权内的生产
禁忌必定要受处罚的条规。这些条
规，任何人都得遵守。这些条规有：
每年播种、插秧，均须由"活路头"
带头先做，任何人不能先于"活路头"
插秧或播种。违者必须当众承认错
误，并罚一只鸡和一些粑粑和酒，
给"活路头"及反映情况者共同享用。
如违犯以后又强词狡辩，则罚牛一
头，将牛卖后买猪宰杀分给每户，

苗寨传统的自然领袖

　　长老，是苗族社会中有智慧的
权威人士。长老可能是因其智慧、
年龄或家族背景地位而得到尊重。
为了维护苗族村寨的社会秩序、生
产秩序，进行宗教祭祀和对外联络，
过去苗族社会大多数村寨都有自己
传统的组织方式即长老制度。它是
由鼓社长老、村寨长老、祭祀长老、
农耕长老、贾理（仲裁）长老等组成，
既分工又合作地行使自己的权利，
承担自己的义务。苗族村寨几乎寨
寨都有长老。在历史上曾出现过小
寨依附于大寨，大寨长老可以管理
小寨的全部事务，但小寨仍有自己
的长老。

进行一次普及教育。播种以后，禁吹芦笙，违者处罚同前所述。

　　祭祀长老——苗语为 ghab xangs（"嘎相"），也叫 ghet xangs
hfud dangl（"高相夫当"），主要负责苗族社区中祭祀、祈禳、驱鬼
等传统宗教活动。专门从事驱鬼仪式的长老叫 ghet xangs dlangb（"高

贵阳都溪苗族祭祀

苗寨风光

相魈"），过去汉译为"鬼师"或"巫师"。"高相夫当"与"高相魈"相比，前者担当的职能远远大于后者，重大的祭祀、祈禳活动，一般是不会由后者来主持的。能够对苗族的神系鬼谱进行全面而系统的叙述，是贾理区别与古歌等苗族所有口传典籍的主要特点之一。贾理相关篇章，都是有相关鬼神起源及祈禳仪式的叙述。只有精通苗族贾理，才可能成为祭祀长老。

仲裁长老——苗语为 ghet jax（"高贾"），又可称为 lil lul（"理老"）。狭义的 lul fangb lul vangl（"娄方娄仰"），指的就是仲裁长老。仲裁

长老原本只是苗族鼓社中负责家族贾理事务的鼓主，随着议榔联盟从家族扩展到跨血缘的地区联盟，仲裁长老也才演化成为负责一方贾理纠纷调解具有"准法官"性质的角色。仲裁长老主要负责苗族社区财产、山林、婚姻等民事纠纷和械斗、群殴、凶杀、强奸等治安案件的"仲裁"事务。仲裁长老一般都精通贾理和各种古理古规，能说会道，办事公正。苗族的"高贾"和"理老"，有人理解为苗族社会的"法官"，有人理解为当事人的"辩护律师"，都是不准确的。"高贾"和"理老"只负责辨别

戴祖传祭祀帽的祭祀长老

纠纷的是非曲直并进行仲裁调解。仲裁调解失败，可能的结果就是神判。苗族神判仪式的最高主持者为祭祀长老，这时候仲裁长老的地位则退而居其次。

苗族贾理的贾例中提到的长老，一般历史上都确有其人，其人其事曾经名震一方。一言以蔽之，苗族社会生活中重大的生产生活、婚丧嫁娶、宗教祭祀、社会纠纷等，都离不开贾理的统摄，离不开掌握贾理的鼓社长老、祭祀长老、仲裁长老等苗族的社会精华，所以专家才断言苗族贾理是苗族长老制度的文化奇迹。

YANGYAN

洋眼 看苗家

KANMIAOJIA

● 《华英会通》：近代苗族 社会与苗疆战火 ●

　　要论及近代苗疆及苗族社会发展历程，不能不提到一个英国人，就是英商麦士尼。麦士尼是近代第一位参与镇压苗族起义的西方人，同时也是第一位多角度考察苗疆风物和向西方社会介绍苗疆文化的西方人，一位对近代苗疆历史文化产生过影响的西方人。1992 年，在麦士尼诞生 150 周年时，英国邮政部门专门发行了一套 6 枚的纪念邮票。在英国、加拿大和香港，还有专门研究这位历史人物的专家。麦士尼究竟何许人，对于他的传奇经历，对于他与贵州苗疆这块土地之间的恩恩怨怨，今日知道的人已不太多了。

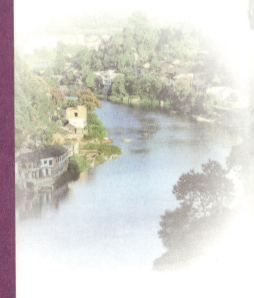

　　麦士尼在近代中国以及贵州的经历，史家过去的描述错误甚多，以讹传讹。这里对其身世简单

梳理一下：麦士尼（1842~1919），英国人，原名 William Mesny，字为能，号问皋。他曾给自己取过不少汉文名，如黄金福、麦梦华等。在清同治前期到达中国，在武汉、上海等地闯荡，从事军火贸易。1861~1862年曾被太平军截往南京留数月，后由英国驻镇江领事雅妥玛领出。一度在汉口中国海关任职，后被川军唐炯部聘为"武教习"，参与镇压贵州苗族起义军，获清廷授予"巴图鲁"名号。走过中国很多地方，后在上海主办《华英会通》刊物，发表自传《一个英国拓荒者在华历险记》（The Life and Adventures of a British Pioneer in China）等，1919年死于汉口。

他者眼光

仅仅靠中国苗族资料来解释苗族文化是否已经足够？希望能够通过海外丰富的文献资料和不同的文化视角来反观苗族文化，发掘和利用海外所留存的文献资料，借助"他者眼光"考察苗族自身的历史文化，正越来越受到学界的关注和认可。

麦士尼

麦士尼在清咸丰至同治年间参与镇压苗族起义的罪恶，主要体现在三个方面：

第一，除了担任教习教练川军洋枪洋炮外，每战他都请求冲锋陷阵，亲自参与作战。清同治七年（1868），麦士尼入黔，教练川军洋枪队在重安江一线进犯苗疆。由于"战绩卓著"，次年唐炯就"奏请赏给三品顶戴花翎"："英商麦士尼自去秋到营，于今一年，教练安宁、果毅亲兵洋炮。每遇接仗，亲兵洋炮队一进，贼无不望风披靡。各营洋炮多有损坏，该商收拾，日不暇食，备极勤劳。又，我军克复黄平州新、旧两城及重安司城，该商皆随刘提督身在前敌。计自去冬至今年三月，该商自用洋炮毙贼前后共计二百五十余人，实属勇敢可嘉。"朝廷批准了唐炯的奏请，给予麦士尼"参将"，三品顶戴花翎。清同治九年（1870），唐炯因地方军政内部矛盾被革职，贵州提督周达武接办贵州军务，麦士尼"又蒙奏留任在黔，仍教习开花洋炮"。为了重用麦士尼，周达武还特别设立"总理贵州全省洋炮处"。清同治十二年（1873），同治皇帝颁诏："参将麦士尼为能著权授副将，并赏给钦勇巴图鲁名号"，官居从二品。清光绪六年（1880），贵州巡抚岑毓英又奏清廷"赏给该副将麦士尼为能三代二品封典"。很多史家都说麦士尼亲自枪杀 250 名苗民，通览相关记载其数目远远大于这个数字。

麦士尼

第二，麦士尼在镇压苗族起义上不仅仅是一个普通军事教习，而且还充当了一个军火暴发户的角色。台湾"中央研究院"近代史研究所研究员苏云峰指出，实际上麦士尼入黔，军火贸易当是其目的之一。法商杜甫易与四川总督骆秉章价值二万两军火生意，正是通过麦士尼才得以做成。甚至在镇压贵州农民起义期间，川军刘鹤龄等经麦士尼做中人从外国军火商那里购买的五千枝洋枪，后来又卖给贵州提督周达武，这笔近六万两的军火买卖也是经麦士尼搭桥才得以实现。

第三，在镇压苗族起义过程中，由于麦士尼和川军将领的唆使和利诱，导致部分少数民族上层人物倒戈，变成了屠杀苗族的急先锋，造成了苗族和其他一些民族深壑的隔阂。据《华英会通》记载，川军入黔之初，对苗疆少数民族一律采取格杀勿论的手段镇压。由于麦士尼的劝解和引见，重安江一带部分土著上层获得川军"招安"，并与麦士尼和川军将领唐炯建立了良好的互动关系，举族迁入重安镇川军划定的保护圈，同时组织团练配合川军参与对苗族起义军的作战，产生了非常恶劣的社会影响。

如果对麦士尼的评判仅仅限于上面的描述，那就显得太肤浅了。还当看到，正是由于麦士尼的推波助澜，对近代基督教文化在贵州的传播，也产生了及其重要的影响。从《华英会通》的记载中得知，中华内地会派遣传教士祝名扬等进入

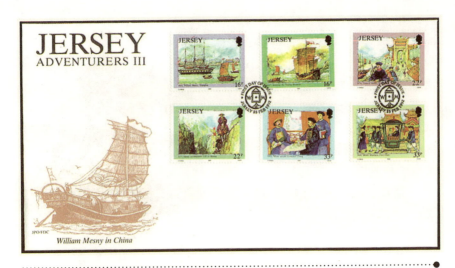

JERSEY
ADVENTURERS III

William Mesny in China

英国泽西岛邮局发行的麦士尼邮票套票，形象反映了麦士尼漂洋过海到中国参加镇压苗族起义的发迹过程

贵州，与麦士尼首度会面的时间是清光绪三年（1877）。祝名扬（C. H. Judd）、巴子成（J. F. Broumton）等由武汉出发，先入湖南，再经湘西，徒步入黔。在麦士尼帮助下，在贵阳获得一居留地，首先在贵阳开展传教工作。若干年后，麦士尼把自己在贵阳车家巷（今富水北路慈善巷）的私人公馆转让给中华内地会，改建福音堂。麦士尼之所以将该房产转让给中华内地会改建福音堂，一是他即将奔赴上海另谋发展，二是其与基督教千丝万缕的关系，据考时为光绪十三年（1887）前后。从麦士尼1879年的旅行日记中获悉，在短短几年间，都柳江流域等广大少数民族地区，都留下了基督教传教士的踪迹。在麦士尼曾经参与镇压苗族起义的黄平重安江一线，基督教入黔的20年间，其传播更是成果显著。黄平加巴苗族潘寿山在贵阳受洗入教，成为贵州苗族归依基督教第一人。潘寿山先在中华内地会贵阳教区，协助外籍传教士工作。1895年，传教士克拉克（Samuel Clark）拜其为苗语教师，学习苗族语言文化。学了几个月苗语后，克拉克要潘寿山随其到贵州西部苗族地区传教。在安顺，潘寿山见到了著名的传教士党居仁。受克拉克和潘寿山的影响，党居仁也开始学习西部方言苗语，并到苗族地区传教。在此期间，潘寿山协同克拉克用苗语翻译了《教义问答手册》、一些介绍基督教的小册子和几首赞美诗，同时还为学习黔东南方言苗语的

传教士编写一本苗语入门读本，并着手编纂苗英和英苗词典。1896 年初，潘寿山受贵阳基督教会指派，陪同韦伯牧师到黔东南苗族地区传教。经过一个多月的传教，他们选定清水江畔的旁海猴场为传教点，并建起了福音堂。在简陋的福音堂里，每天都举行祈祷仪式，韦伯牧师用汉语、潘寿山用苗语轮番向苗民宣讲福音。旁海——麦士尼曾经与苗族起义军激战过的一个村落，也正因为麦士尼的鸣锣开道，就这样成了基督教在贵州苗疆的第一个桥头堡。

　　麦士尼之所以愿意从大都市武汉到边远的苗疆来充当教习，有他自己的深谋远虑。为此他和法国商人杜甫易进行过很深刻的讨论，他们要探寻和打通一条从贵州经云南到越南北圻的商道。到苗疆来充当川军教习，仅仅只是一个幌子。因此，他积极建议唐炯利用军士修整和拓展由重庆到遵义的川黔古道，修建费用可以通过收取过往商人买路钱的方式筹集。麦士尼是一个很有战略眼光的西方人，他认为要发展工业和贸易，交通建设当为第一要务。1867 年，他向贵州及周边省份当局建议修筑四川经贵州、云南一直到缅甸的铁路，打通川黔西向的出海通道。1879 年，他建议修筑贵阳到广西融水、桂林的铁路，由融水换汽轮经广东直达香港，打通贵州南下出海通道。当今中国在启动建设这两条大动脉时，距麦士尼最初的建议时间已经是整整 130 多年了。

　　作为一名英国商人，麦士尼第一次从工业化产业的角度系统调查和研究苗疆的产业资源。麦士尼在《华英会通》第 3 卷第 13 期以《中华帝国的矿财》为总题发表对中国一些省份的矿产资源调研结果，开篇就是《贵州已探明的矿藏及矿点》。

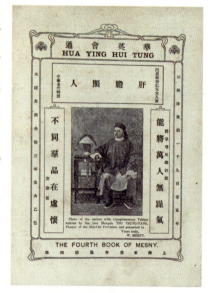

麦士尼主编的期刊《华英会通》扉页，题联为左宗棠所作

在同期《华英会通》的《商务杂记》系列中，仅是《硫黄》一项，就开了四个条目来详尽叙述，足见调研的细致和精明。即使是在军中从事军事教习，麦士尼念念不忘的还是贵州的矿产。他说："比起本地人，我采矿和炼矿的技能可就远远强多了，但是我的职责仅限定于军营内，因此没有机会来兴建一座矿山。由于贵州全省蕴藏着丰富多样的矿物，将来我可以从事矿产开发。"另外，麦士尼还对贵州以及各省的植物进行了认真的考察。1879 年他回国探亲后返华是由粤入桂，逆都柳江而上进入苗疆，在榕江、三都、丹寨、都匀等地停留了很长一段时间，沿途认真采集植物标本，后来这些标本都被送到了著名植物学家汉斯（H. F. Hance，时任英国驻香港领事馆官员）手中。1879 年 7 月 24日，他在三都一个叫茅草坪的地方留下的一则日记，详细描述了他如何对标本进行采集、风干、分类和记录的过程。虽然他不是植物学家，但其严谨和认真的科学态度颇令人钦佩。可以说，麦士尼是近代对贵

重安江"三朝"桥——最早的铁索桥为清末贵州提督周达武出资、麦士尼承建

州植物标本作较为系统采集的第一位西方人。植物学界公认，麦士尼"1879~1881 年间，在华西南等地为汉斯收集过不少植物，见于发表的就有 75 种，包含近 10 个新种"。例如贵州人俗称的迎春花，其拉丁学名就是以麦士尼的名字命名 Jasminum mesny。

关于苗疆民风民俗，麦士尼不论在长篇传记《华西征战记》还是长篇连载游记《走遍中国》，乃至各种条目杂录中，都淋漓尽致地给予了充分反映。从这个角度来讲，麦士尼可谓是第一个系统对贵州各民族及其文化生境进行民俗志记录的西方学者。麦士尼对苗族的火枪制造技术和银饰制造水平，更是称赞有加。1872 年，他把两把苗枪送到当时英国驻沪领事麦华达（Walter Medhurst）处。这两把苗枪后来一把被英国皇家亚洲学会博物馆收藏，另一把送到一家理工学校研究。麦士尼千方百计弄到了两面少数民族的铜鼓，一面自己收藏，另一面于 1885 年送给了当时的奥地利皇帝，现收藏于维也纳皇家博物馆。

在苗疆的征战时期，苗族是麦士尼的死敌，但是他却对这个死敌集团充满敬意。他不得不承认："苗民是无畏的勇士和神枪手，他们很多人都配备有精制的火药枪，枪管 5 至 7 英尺长，枪托类似手枪枪托。苗族女子也同样很强健，她们可以单手操起随身携带的矛、剑或枪，瞬间干掉朝廷官兵。"他还说："苗民不分男女身上都佩戴有银饰，特别是手镯和项圈。苗民制银像打铁一样非常熟练，铁制品和银制品的交易非常普遍。不论是富裕还是贫穷，和他人相比是否有一技之长，他们男男女女都同在田中劳作。他们的农耕劳作一般集中在秋收、春耕及插秧时节。因此，他们不论男女身体健硕，非常壮实，能够承受汉语所说的'置人于死地而后生'的艰难困苦。"

● 《苗族调查报告》：在云贵找不到文面的苗族 ●

很多年以前，有位叫拉古佩里的法国学者来了灵感，他宣称：中国的苗语和台湾的泰雅语同源，苗人和泰雅人同宗同族，泰雅人以文面为美，苗人自然也概莫能外。一名年轻的日本人类学家对此笃信不疑。不过，他要经过亲自实地调查之后，才能断定其是否正确。他说："为解决人类学上这一有意义的是非问题，看能否确如拉古佩里的学说。"到中国贵州寻找文面苗族，就成了时代赋予他的历史使命。

这位年轻的日本人叫鸟居龙藏，1902 年 7 月他骑着马进入贵州苗疆的时候，才 32 岁，新婚刚好半年。从 1902 年 7 月 30 日到 1903 年 3 月 13 日，鸟居龙藏在云贵川山区进行了 7 个多月的考察。毫无疑问，在他所走访的苗族村寨和所见到的每一个苗族，没有一个是文面黥身的。

但是此次歪打正着的田野考察，3 年后的 1906 年以《苗族调查报告》著述发表，一时轰动中日民族学界，《苗族调查报告》也就成了

鸟居龙藏（中）和中国乡绅

鸟居龙藏照片中的苗族

《苗族调查报告》汉文版

人类学史上的经典之作。30万字的《苗族调查报告》分为9章：关于苗族之文献、苗族之名称区别及其地理的分布与神话、苗族之体质、苗族之语言、苗族之土俗及土司、苗族之花纹、苗族之笙、苗族之铜鼓、结论。1936年4月，《苗族调查报告》一书被翻译成汉文并由上海商务印书馆出版。书后附鸟居龙藏实地拍摄的苗族各支系及布依族男女人物、村落环境及铜鼓的图片共45图，每图附有A、B两张不同角度的照片。从该书内容可知，鸟居龙藏调查的内容是广义人类学考察关注的问题：一是对诸民族体质的观察和测定，二是对语言文化的调查，三是对历史遗迹进行的考古调查。《苗族调查报告》被学界称为贵州民族研究的第一部学术著作。鸟居龙藏苗族研究成果的出版，为什么对中国学界影响那么大，主要原因有几点：

第一，鸟居龙藏是第一个系统对苗族文化进行实地考察的人类学家。鸟居龙藏这次考察对象主要是苗族，但并不局限于苗族。历时7个多月的考察，他不是蹲在一个点上，而是一边走一边调查。他考察了湖南、

贵州、云南的苗族、彝族、布依族、藏族等，凡是能碰到的民族，他都有调查记录。鸟居龙藏态度认真、目光犀利，调查的资料准确而翔实。中国学者第一部关于贵州少数民族的人类学著述，是林耀华1940年的英文博士论著《贵州的苗蛮》，虽然旁征博引，获得了哈佛大学的高度赞誉，但毕竟只是一种书斋式的考究，汉文翻译直到2000年才出版。蔡元培委托凌纯声、芮逸夫做的《湘西苗族调查报告》，虽然1939年写就，直到1947年才出版。此种情形从另一个角度说明，包括中国人类学泰斗林耀华在内的国内学者，对鸟居龙藏关于苗族研究的成果在相当长的一段时期内是高度认可的。正如岑家梧所说："鸟居的著作，可视为黔省民族研究之第一部科学著作。"

第二，鸟居龙藏从外至内、由表及里对苗族性格的解析，让人耳目一新。鸟居龙藏从苗族刺绣纹样和芦笙曲调风格研究，得出了自己独特的看法："苗族之性格如何，一言以蔽之曰：阴郁沉静。欲知此种性格，可就其容貌或表现于外部之音乐、色彩及花纹等而观察得之。据余所见，第一可注意者即为'容貌'，显示彼等极其阴郁。其次为'音乐'，如于苗族之笙中所详述者，避用铜锣、皮鼓等喧嚣之乐器，而用沉静之笙或笛。又如衣服之色彩亦颇阴郁。"鸟居龙藏还称赞，这是"知彼等美的性格"。他认为，最能表现民族之性格者，不能不首

西部苗族头饰

推文学与艺术。于是他从苗族民间艺术中的刺绣图案和芦笙曲调入手，最终得出苗族性格是柔弱阴郁和沉静阴郁交混的一种民族心理特质。他说："苗人之所以盛行刺绣者，在彼等精神中，多少或存有审美趣味，然其趣味，即有一种苗人之人种的嗜好，此点余已述之。即彼等表现于刺绣上之意匠，为连续花纹，色彩为一种阴郁之表现，分子花纹，虽有直线，然多用曲线且其曲线最为巧妙，并以涡纹、蔓草、重圆填补之。其花纹之最发达者为绘花纹。有曲线之美，其终点每变化为涡纹、蔓草。且绣花之在彼等，完全视之若'绘画'而刺绣者，由其曲线、涡纹、蔓草等，因填补花纹之关系而完全化为花纹，不可视为图画。要之，于彼等刺绣上所表现之性格，即为柔弱阴郁，与表现于笙之音律之沉静、阴郁同一也。此不可谓非苗人之人种心理学上最应注目之事实也。"只要深入观察，人们会发现，苗族确有许多优良的特性，如毅力、勇敢、耐性等均甚强，且诚实，重然诺，服从性大。

另外，鸟居龙藏苗族调查以及研究的最大成果，乃是他首次提出了"广义的苗族"和"狭义的苗族"这两个不同概念。"苗"作为一个泛称，从明代开始，尤其是清代以后，泛指中国南方以现贵州省为中心的周边

西部苗族祭山神

西部苗族服饰

大部分非汉族的少数民族族系。虽然存在着这样那样的问题，但客观上却奠定了苗族作为近代民族集团的外廓和基础。鸟居龙藏将苗族区别为"广义的苗族"和"狭义的苗族"这两个不同的范畴，并且指出，真正意义上的"纯苗"，应当只限于"狭义的苗族"，即"红苗""黑苗""青苗""白苗""花苗"等支系。他的这一观点为中国的大部分学者所认同。在新中国成立初期，苗族作为在这之前就被公认的中国的九个民族之一，基本上是按照鸟居龙藏当初所定的"狭义的苗族"的框架而成为新中国"多民族国家"中的一员。

曾几何时，学术界曾出现"苗族是日本人祖先"的说法。这种说法乃是起源于鸟居龙藏关于"日本民族多源论"的思想。鸟居龙藏到西南进行考察，是为了探讨苗族及中国南方各民族与高山族的渊源关系，最终是为了探索日本民族的来源。在此之前，没有任何人会去考虑日本与中国南方少数民族的关系。鸟居龙藏将亲自调查所得提出的"日本民族多源论"学说，与当时日本流行的"大和民族一元论"正好相反，"日本民族多源论"将日本有史以前的文化来源，扩大到包括苗族在内的中国长江以南的"印度支那民族"和"印度尼西亚民族"的文化。在那个特殊的历史时期，是需要一定的勇气和胆识的。当日本发动侵华战争时，鸟居龙藏就预言："日本人不了解中国民族的强大，这是很可悲的。中国过于广大，随着战火的扩大，日本人将陷于败战中。"不论是战时还是和平时期，不论是其人品还是学养，鸟居龙藏都是世界公认的人类学大家。鸟居龙藏虽然在云贵高原找不到文面的苗族，却从刺绣纹样和芦笙曲调中窥见了苗族心灵深处壮美的特质和品性。这不能不说是苗族文化研究史和中日文化交流史上的一段有趣佳话。

参考书目

1. 费孝通. 兄弟民族在贵州 [M]. 北京：生活·读书·新知三联书店，1951.

2. 中国音乐研究所. 苗族芦笙 [M]. 北京：音乐出版社，1959.

3. 田兵、刚仁、苏晓星等. 苗族文学史 [M]. 贵阳：贵州人民出版社，1981.

4. 燕宝. 苗族民间故事选 [M]. 上海：上海文艺出版社，1981.

5. 马学良、今旦. 苗族史诗 [M]. 北京：中国民间文艺出版社，1983.

6. 王辅、赵习. 苗语简志 [M]. 北京：民族出版社，1985.

7. 苗族简史编写组. 苗族简史 [M]. 贵阳：贵州民族出版社，1985.

8. 潘光华. 中国苗族风情 [M]. 贵阳：贵州民族出版社，1990.

9. 李廷贵. 雷公山上的苗族 [M]. 贵阳：贵州民族出版社，1991.

10. 伍新福. 苗族历史探考 [M]. 贵阳：贵州民族出版社，1992.

11. 燕宝. 苗族古歌 [M]. 贵阳：贵州民族出版社，1993.

12. 李廷贵等. 苗族历史与文化 [M]. 北京：中央民族大学出版社，1996.

13. 田玉隆. 蚩尤研究资料选 [M]. 贵阳：贵州民族出版社，1996.

14. 杨正文. 苗族服饰文化 [M]. 贵阳：贵州民族出版社，1998.

15. 伍新福. 中国苗族通史 [M]. 贵阳：贵州民族出版社，1999.

16. 吴一文、覃东平. 苗族古歌与苗族历史文化研究 [M]. 贵阳：贵州民族出版社，2000.

17. 伍新福. 苗族文化史 [M]. 成都：四川民族出版社，2000.

18. 黄才贵. 影印在老照片上的文化——鸟居龙藏博士的贵州人类学研究 [M]. 贵阳：贵州民族出版社，2000.

20. 李锦平. 苗族语言与文化 [M]. 贵阳：贵州民族出版社，2002.

21. 吴晓东. 苗族图腾与神话 [M]. 北京：社会科学文献出版社，2002.

22. 苏晓星. 苗族文学史 [M]. 成都：四川民族出版社，2003.

23. 吴泽霖、陈国钧等. 贵州苗夷社会研究 [M]. 北京：民族出版社，2004.

24. 东人达. 滇黔川边基督教传播研究 [M]. 北京：人民出版社，2004.

25. 石茂明. 跨国苗族研究 [M]. 北京：民族出版社，2004.

26. 麻勇斌. 贵州苗族建筑文化活体解析 [M]. 贵阳：贵州人民出版社，2005.

27. 陆科闵、王福荣. 苗族医学 [M]. 贵阳：贵州科技出版社，2006.

后记

贵州山川秀美，气候宜人，资源丰富，人民勤劳，风情多彩，文化灿烂。18个世居民族，和谐相处，共建家园。《贵州世居民族文化书系》正是建立在人类学、民族学、文化学的研究成果基础上，以叙事方式为主，向世人勾勒贵州世居民族文化版图，展示贵州世居民族悠久的历史文化与和而不同的美丽生存，以全新的视角探寻各民族的文化发展轨迹，解读各民族具有鲜明特色的文化事象，诠释各民族充满神奇魅力的新形象。

《贵州世居民族文化书系》编委会对书系的宗旨、目标、体例和风格等进行项目论证和定位，负责确定写作大纲，并对书系的组织架构、写作要求和作者物色等进行统筹安排。

《笙鼓枫蝶·苗族》由贵州省苗学会进行审读，就政治倾向性和民族、宗教问题进行认真把关。本书图片由陈沛亮、向泽忠、李文明、王明生、游前声、李轶、李国章、杨正豪、王国清、杨元龙、余岛、李榕屏、胡廷夺、吴一文、杨菊香、王学文、潘洪波、胡大俊、李茂生、龙世忠、吴寿安、杨波、时宏平等提供（个别图片未能联系到作者，作者见书后请与出版社联系）。

在此，对所有为书系作出贡献的人士表示衷心的感谢！因编辑水平所限，书中难免有不尽如人意之处，恳请读者批评指正，以便图书再版时予以弥补。

《贵州世居民族文化书系》编委会
2014 年 6 月